알쓸
르
취잡

알쓸취잡

초판 1쇄 발행   2017년 08월 25일

글쓴이   열린진로취업커뮤니티

펴낸이   김왕기
주 간   맹한승
편집부   원선화, 이민형, 김한솔, 조민수
마케팅   임동건
디자인   푸른영토 디자인실

펴낸곳   **(주)푸른영토**
　　　　 주소　　　　경기도 고양시 일산동구 장항동 865 코오롱레이크폴리스1차 A동 908호
　　　　 전화　　　　(대표)031-925-2327, 070-7477-0386~9　　팩스 | 031-925-2328
　　　　 등록번호　　제2005-24호(2005년 4월 15일)
　　　　 홈페이지　　www.blueterritory.com
　　　　 전자우편　　designkwk@me.com

ISBN 979-11-88292-26-84　　13320

알아두면 쓸데있는 **취업 job 포인트**

알쓸
취잡

열린진로취업커뮤니티 지음

김치성 문창준 이태환 권성일 강경원
강원준 김 창 김택중 박명성 조성욱

푸른영토

취업하고 싶은가?
일단 이 책으로 시작하라

취업이 정말 문제다.

취업 전문가로서 80군데 이상 서류를 내고도 취업에 실패한 취업준비생들에게 해줄 말이 무엇일까를 고민해봤다. 많은 고민의 끝에 우리가 해줄 수 있는 말을 결정할 수 있었다.

우리는 '뭐 이까짓 거 가지고 그러냐? 더 노력해봐라'라는 괜한 질책을 하지 않기로 했다. 그리고, '이제 곧 좋은 일이 생길 거야. 힘내!'라는 어설픈 희망고문도 하지 않을 것이다. 또한, '다른 애들 좀 봐라, 너는 왜 이거 밖에 안 되냐?'라는 자존심 상하는 비교도 하지 않을 것이며, 그렇다고, '너는 문제없는데 우리나라가 이렇게 불경기라서 그렇다'라는 막연한 세상 한탄도 하지 않을 것이다. 마지막으로, '이건 아무것도 아냐, 우리 때는 어땠는 줄 알아?'와 같은 꼰대 짓도 하지 않기로 했다. 그 대신, 우리는 '방법'을 알려주기로 했다.

취업의 최전선에서 젊은 청춘들과 머리를 맞대고 고민하고 연구했던 우리는 누구보다 이 책을 내면서 할 말이 많다. 그 각고의 노력의 일단을 우리는 이 지면에 모두 애정 어린 격려의 말들로 내놓기로 했다.

취업이 급한 졸업예정자들에게 가장 필요한 것은 당장의 자기소개서와 면접을 해결하기 위해 그동안의 경험과 노력을 최대한 자신에게 유리하도록 끼워 맞추는 스킬이다. 앞으로 무궁무진한 기회를 만들어갈 수 있는 저학년들에게는 목표에 맞도록 해야 할 일과 하지 말아야 할 일을 구분해주는 가이드가 필요하다. 이 둘은 무엇이 '더' 중요한가?로 논의될 수 없다. 둘 다 중요하기 때문이다. 그래서 고학년이건 저학년이건 일단 시작하는 것이 중요하다. 아마도, '시작이 반'이라는 말은 이럴 때 쓰라고 있는 말인 것 같다. 그 시작의 반을 여러분들과 함께하겠다는 각오로 이 책을 썼다. 최근에 한 일 중 가장 잘한 일이라고 생각한다.

— 저자 김치성

7년 동안 전국의 80여 개 대학교에서 취업준비생들을 만나며, 27년여의 직장생활을 통해 얻은 생생한 삶의 현장의 소리는 취업준비생들에게 진정으로 피가 되고 살이 되었다. 인터넷이나 방송·언론을 통해 전해지는 가짜 정보에 많은 학생들이 현혹되고 있음을 너무도 많이 보아 왔다. 그래서 기업현장에서 발생하고 있는 실제 모습들을 진정으로 담아내려고 많은 노력을 하였다. 오로지 진로와 취업을 위해 준비하는 학생들을 위한 상차림이다. 본인이 먹고 싶은 것들을 잘 취사선택해서 저자와 함께한 취업준비생의 '합격의 영광' 소식을 듣고 싶은 마음뿐이다.

— 저자 문창준

'취업 준비가 막연합니다. 무엇부터 준비해야 하나요?' 사회로 나아가는 첫걸음에서 취업이라는 장벽 앞에 머뭇거리는 청춘들이 가지고 있는 질문이다. 이 질문에 답을 주기 위해서 그동안 현장에서 취업준비생들과 함께 고민하고 노력했던 취업전문가들과 함께 이 책을 준비했다. 취업 준비는 단순히 모범답안만 존재하는 것이 아니라, '스스로 생각하고, 결정하고, 행동하는 것'이라는 사실이다. 이 점을 생각하면서 이 책을 활용한다면 취업준비에 많은 도움을 얻을 수 있으리라 확신한다.

— 저자 이태환

"멘토님! 고맙습니다. 정말 멘토님 덕분에 합격했습니다. 어떻게 이 마음을 전해야 할지 잘 모르겠습니다." 인사담당자로서, 또 지금은 학생들의 멘토로서 가장 보람을 느낄 때가 이때인 것 같다. 취업이라는 여정에서 다들 어렵고 힘든 길이지만 분명 끝이 있는 길이라고 생각한다. 취업을 준비하는 멘티들이 힘들 때 이 책을 보면서 '아, 이렇게 해보자! 그럼 될 거야' 하는 도움이 되고 여러분의 바쁜 여정에 하나의 마중물로 '함께' 하는 동반자가 되기를 진심으로 기원한다.

— 저자 권성일

이 책을 쓰면서 느꼈던 것은 '함께'라는 단어의 소중함이다. 사회를 살아가면서 혼자 할 수 있는 것은 없다. 누군가에게 도움을 줄 수 있는 책을 만드는 일도 마찬가지다. 취업교육을 하며 학생들에게 늘상 강조했던 것이 일에 대한 의미였다. '우리는 왜 일을 하는 것일까?', '직업을 왜 가져야 할까?'라는 질문은 학생들이 아닌 나한테 하는 질문이었다. 앞으로도 이 질문에 대한 답을 찾고자 열심히 달려 나갈 것이다.

— 저자 강경원

필자는 매번 특강에서 '성공취업의 함정'이라는 주제로 성공과 합격이 동일한 것이 아니며, 더 나은 기업과 더 즐거울 수 있는 미래를 위해 고민하라고 강조해 왔다. 이 책은 취업을 준비하는 과정에서 전략뿐 아니라 즐거운 미래를 위한 진심어린 고민에 도움이 될 것이다. 또한 스스로의 미래를 고민하고, 부족함을 돌아보며, 효과적으로 자기를 PR할 수 있는 책이 될 거라 믿는다. 이를 통해 '성공 취업=행복'이라는 공식이 성립되는 완벽한 미래를 만들어 갈 수 있을 것이다. '인생은 속도가 아니라 방향이다'라는 말처럼, 취업 전략에 올바른 방향설정을 할 수 있는 지침서가 되길 바란다.

— 저자 강원준

진로는 스스로 결정하고 스스로 책임지는 것이다. 취업이나 창업은 자신이 선택한 진로를 만들어가는 수단이다. 따라서 취업이나 창업 이전에 삶에 대한 자신만의 가치관 확립이 절대적으로 필요하며, 일단 자신이 선택한 수단으로 인해 타인에게 손해를 입히는 일은 하지 말아야 한다. 입사에 대한 결정을 하기 전에 신중하게 판단하고, 일단 입사를 했으면 일정 기간 동안은 자신의 결정에 책임을 져야 한다.

— 저자 김창

'청년실업 100만 시대', '취업과의 전쟁', '꿈을 포기한 청년들'이란 단어가 매스컴과 인터넷을 연일 장식하며 화두가 되고 있다. 이런 상황에서 동시대를 살고 있는 청년들에게 졸업 후, 마음껏 꿈과 이상을 펼칠 일터를 만들어 주지 못한데 대하여 인생선배로서 미안함과 무거운 책임감을 느낀다. 이러한 책임감에서 뜻을 같이하는 멘토들이 모여 취업에 필요한 지침서를 준비했다. 취업준비생 여러분에게 필요한 것은 자신감이다. 이 책이 여러분의 자신감을 회복하고 조기에 취업성공의 기쁨을 얻는데 길잡이가 되기를 간절히 바란다.

— 저자 김택중

취업과 관련된 많은 이야기와 속설들을 접하면서 취업준비생들의 고

충을 느낄 수 있었다. 취업에 관한 사실이 아닌 이야기들이 마치 진실이고 정보인 양 여겨지는 경우들을 보며 애매모호한 이야기가 아닌 취업준비생들에게 꼭 필요한 정보를 전달하고 싶다는 생각을 하게 되었다. 이책은 인사팀장으로 재직 시 경험을 바탕으로 회사와 면접관의 시각에서 취업준비생들이 어떻게 취업 준비를 해야 하는지, 취업준비생들이 궁금해 하는 점들에 대해 실질적이고 사실적으로 도움을 주기 위해선 어떤 내용을 담아야 하는지에 대해 고민했던 결과물이다. 부디 이 책이 취업준비생들의 취업성공에 일조할 수 있길 바란다.

— 저자 조성욱

취업하고 싶은 사람에게는 취업하는 방법을 알려주는 것이 최고다. 다른 무슨 말이 필요하겠는가?

이 책은 그 방법을 알려주는 책이 될 것이다. 그동안 취업의 최전선에서 다양한 배경을 가진 취업준비생들과 함께 고민하고 함께 웃었던 저자들의 모든 경험이 이 책에 고스란히 녹아 있기 때문이다.

취업하고 싶다면 취업해라.

이 책을 손에 든 순간 10명의 취업전문가가 당신의 든든한 조언자이자 지원군이 될 것이다.

2017년 무덥던 여름
열린진로취업커뮤니티 저자 일동

산업과 기업 자료분석

진로와 취업,
인생을 선택하는
실용적 가치

4차 산업혁명과 일자리 변화

인간과 기계가 공존하는 4차 산업혁명 시대의 내 일자리는?

2027년 어느 날 아침 6시, 알람시계 소리에 잠을 깬다. 거울에는 오늘의 날씨 정보와 교통 정보가 표시되어 있고, AI비서가 음성으로 '저녁에 비가 올 것이니 우산을 챙기라'고 한다. 뒤이어 '미세먼지도 심하니 마스크를 착용하라'고도 한다. 문을 열고 집을 나선다. 집 안에서는 청소로봇이 청소를 시작한다. 청소로봇에 달린 카메라는 항상 집 안의 상황을 보여준다. 애완견의 상태도 항상 확인해볼 수 있다. 직장에 가기 위해 전철을 탄다. 이 전철은 5년 전부터 무인으로 작동한다. 충무로역에서 버스로 갈아탄다. 역시 운전기사는 없다. 사무실은 사방이 LCD로 구성되어 있다. 오른쪽 벽을 두드리니 미국 지사 사무실이 영상으로 나타난다. 미국 지사와 회의가 시작된다. 회의는 지난 주 인공지능 분석가(컴퓨터)가 '액세서리 매출이 평균을 벗어나 하락하는 추세이므로 대책을 세우는 게 좋겠다'는 판단을 내려줘 만들어진 자리이다. 회의 결과 '액세서리 디자인이 고객의 주목을 받지 못한다'고 결론이 났다. 전 세계의 소비 패턴을 분석한 인공지능 디자이너는 가장 잘 팔리는 액세서리 디자인들을 수집해서 인간 디자이너에게 전달한다. 며칠이 지나고 인간 디자이너가 만든 새로운 디자인 설계도면이 전 세계 각 공장으로 발송된다. 공장에는 사람이 거의 없다. 조금씩 다른 디자인으로 만들어야 하기 때문에 공장의 한 가지 모델의 생산라인 규모는 크지 않고 제품은 3D프린터에 의해 생산한다. 인간의 주 역할은 기계를 손보거나 재료를 보충해주는 보조적인 역할에 머문다. 물건은 드론이나 무인자동차에 의해 고객에게 직접 배달된다.

10년 전에 보았던 사람들이 차지했던 수많은 일자리는 상당 부분 인공지능이나 로봇으로 대체되었다. 나는 액세서리 제품기획 업무를 담당하고 있는데 1주일 전부터 인공지능 분석가의 업무영역이 확장되기 시작했다. 지금까지의 시장조사 데이터를 바탕으로 1년 뒤 고객이 요구할 것으로 예상되는 제품기획서를 만들어보았다. 이 상태라면 6개월쯤 뒤에는 내가 인공지능 분석가와 차별화된 기획서를 만들 수 있을지 잘 모르겠다. 표준화시킬 수 있는 업무는 모두 인공지능이나 로봇으로 대체되고 있는데 나는 어떻게 해야 하는가?

1, 2, 3차 산업은 존재하던 인간의 일자리를 빼앗기 했지만 새로운 일자리를 더 많이 만들어주면서 인간에게 근로의 질, 노동 대가 등에 많은 혜택을 주었다. 하지만 4차 산업혁명은 아직까지 인간의 일자리를 어떻게 얼마나 창출해 줄지 잘 모른다. 이유는 4차 산업혁명은 인공물이 인간의 육체적 능력과 지능을 동시에 가지면서 시작되었기 때문이다. 이 전에는 인공물이 뭔가를 하려면 대부분 인간의 도움을 받아야 가능했다. 하지만 지능인공물은 인간의 도움 없이 스스로 인공물끼리 의사소통하며 문제를 해결해 나가는 세상을 만들어가고 있다. 지능을 탑재한 인공물은 처음에는 인간보다는 문제해결능력이 떨어지지만 머신러닝 학습방법을 통해 시간이 지나면서 인간의 능력을 넘어서는 것이 증명되고 있다. 지능인

공물이 고도로 발달하면서 인간은 다음 5가지 중에서 자신이 어디에 속할 것인지를 선택하거나 선택당하게 될 것이다. 첫 번째는 지능인공물을 창조하는 창조인, 두 번째는 지능인공물과 함께하는 협력인, 세 번째는 지능인공물의 지시를 받는 종속인, 네 번째는 지능인공물을 부수는 파괴인, 마지막으로 지능인공물과는 무관한 삶을 살아가는 자연인이다. 4차 산업혁명은 이전의 산업혁명이 만들어 주었던 다양한 일자리를 만들어 줄지, 인간의 일자리를 더 잃게 만들지 아직은 예측할 수 없다. 새로운 일이 나타난다고 해도 그 자리를 지능인공물이 차지할 가능성이 크기 때문에 인류가 가지고 있는 노동의 가치가 하락할 가능성이 있다. 지능인공물과 같이 일을 할 수 있는 사람은 그럴 수 있다는 것만으로도 행복해야 할지 모른다. 이러한 이유 때문에 4차 산업혁명은 이전의 산업혁명들과는 전혀 다르게 인식하고 대처해야 한다.

직업세계에서 지능인공물은 어떤 역할을 하는가?

지능인공물을 만드는 주체는 누구인가? 소프트웨어 전문가, 전자 전문가, 기계 전문가 등과 수많은 작업자들일 것이다.

지능인공물을 누구에게 판매하는가? 그것을 필요로 하는 모든 곳에 판매할 것이다. 단체뿐 아니라 개인에게도 판매할 것이다.

누가 판매를 담당할 것인가? 상대하기 쉬운 고객은 지능인공물이 담당하고, 까다로운 고객은 인간이 담당할 확률이 높다.

판매된 제품을 누가 운반하는가? 대부분의 장소에는 움직이는 지능인공물이 배달을 할 것이다. 기계의 접근이 아주 어렵거나 비용이 많이 드는 곳에만 인간이 배달할 것이다. 다만 지능인공물이 배달하지 못할 곳을 찾기란 쉽지 않을 것이다.

이들은 어떤 일을 없앨 수 있는가? 특이하게도 아무리 지능인공물이라고 해도 어떤 일을 없애지는 못할 것이다. 어떤 시스템이 눈에 보이지 않는 방법으로 일을 처리한다고 해서 일이 없는 것은 아니기 때문이다. 일을 처리하는 방법과 수단이 바뀔 뿐이다.

어떤 일이 새로 생기는가? 지능인공물을 만들고 관리하고 수리하는 일이 생길 것이다.

지능인공물은 어떤 일을 대체하기 쉬운가? 논리적이고 지식집약적인 일, 구체적으로는 목표가 명확하고 객관적으로 정해져 있는 일, 선택할 수 있는 경우의 수가 한정되어 있는 일, 매 순간 목표와의 차이를 알 수 있고 정해진 시스템 안에서만 이루어지는 일, 과거의 선택 결과들이 축적되고 구조화 된 기록이 많은 환경 속에서 하는 일들은 지능인공물로 대체될 가능성이 높다.

어떤 일들이 지능인공물로 대체되기가 어려운가? 매뉴얼화하기 어렵고 축적되기 힘든 일은 대체되기 어렵다. 목표가 유동적이고 주관적인 일, 매 순간 선택이 달라질 수 있는 일, 매 순간 목표와의 차이를 알기 어려운 일, 열린 시스템에서 이루어지는 일, 과거의 선택 결과들이 축적되거나 구조화 된 기록으로 남아 있기 어려운 일들은 지능인공물로 대체될 가능성이 낮다.

지능인공물로 대체될 수 없는 일은? 주어진 상황에 대해 독창적으로 생각하거나 문제를 해결하는 일, 타인의 반응을 이해하는 일, 사람들을 화해시키고 서로간의 차이를 조정하는 일, 다른 사람의 마음이나 행동을 바꾸게 하는 일, 타인을 돌보는 일 등은 지능인공물로 대체되기 어려울 것이다.

4차 산업혁명에서 살아남기 위해서는 일에 관심을 가져야 한다

리처드 서스킨드(Richard Susskind)와 대니얼 서스킨드(Daniel Susskind)가 쓴 『4차 산업혁명 시대 전문직의 미래』에서는 전문가의 업무가 진화하는 과정이 다음과 같이 패턴화 된다고 말하고 있다. 모든 업무를 수작업으로 하다가 업무 효율성 향상을 위해 업무를 표준화시킨다. 표준화는 부분적으로 훈련된 준전문가에게 업무 위임이 가능해진다. 표준화 된 업무는 시간이 지날수록 체계화 되어간다. 체계화 된 업무는 좀 더 다양한 준전문가나 외부인 활용도 가능하게 한다. 체계화 된 업무는 온라인화를 할 것인지 아닌지를 결정해야 한다. 업무가 온라인화 되면 전문가는 더 이상 고객을 직접 상대하지 못하는 상황을 만나게 된다.

의사에게 이 상황을 적용해보자. 의사의 업무가 완전히 온라인화 되면 의사는 원격으로 환자를 진료하고 로봇으로 수술을 완료할 수 있게 될 것이다. 이 정도 단계에서는 의료인을 계속 의사라고 부를 것이다. 여기서 한 단계 더 발전된 의료 시스템을 생각해보자. SF 영화에서는 환자를 치료하기 위해 의사가 등장하지 않고 의료침대가 등장한다. 모든 절차는 체계화 되어 있고 인공지능의 지시를 받아 스스로 진료하고 처방을 한다. 의사가 없어도 환자는 치료가 되는 것이다. 불가능한 가정이 아니다. 의사가 하는 일들을 모두 분해해서 작은 단위로 나누고, 모두 디지털화 해서 인공지능과 로봇을 교육시키면 가능할 수 있을 것이다.

그런데 의사가 눈에 안 보인다고 해서 근본적으로 의사가 하던 일이 없어진 것은 아니다. 환자를 치료하기 위해서는 여전히 어떤 방법으로든 상담을 해야 하고, 진찰을 해야 하고, 수술을 해야 하는데 그 담당자가 바뀔 뿐이다. 이때 의사에게 요구되는 능력은 해박한 의료지식을 인공지능이 배울 수 있게 도와야 하고, 로봇이 수술을 잘할 수 있도록 훈련시켜야 할 것이다. 그런데 이런 세분화 된 기술들은 의사가 아니어도 수술을 대행할 수 있는 준전문가들도 배워서 할 수 있는 것들이다. 미래의 의사는 일하는 방법을 의료 소비자의 요구에 적응해서 그에 맞는 서비스를 해주어야 살아남을 수 있을 것이다. 미래에는 의사가 하던 일이 여러 전문가들에게 위임되어 있을 것이다. 의사의 예를 확대 해석해보면 많은 전문가들의 일도 준전문가들에게 분산될 가능성이 높다.

진로가 궁금하다면 좋아하는 일들을 조합해보자

2016년 한국직업사전에 따르면 우리나라의 직업은 11,927개이다. 보통 사람들은 죽을 때까지 이 모든 직업을 체험도 구경도 못할 것이다. 하지만 지금 이 순간에도 누군가가 이 중 어떤 직업을 가지고 있을 것이다. 미래에는 현존하는 직업들이 많이 사라지고 새로운 직업들이 나타난다고 한다. 직업을 잘 살펴보면 한 가지 이상의 일들이 결합하여 만들어진다. 새로운 직업이 나타난다면 새로운 일들의 조합으로 만들어질 것이다. 미국의 심리학자 프레디저(Prediger)는 미래의 일을 사람과 관련된 일(상담하기, 고객에게 응대하기, 사람을 격려하기 등 13가지), 물건과 관련된 일(물건 이동하기, 구매하기, 현장을 관리하기 등 13가지), 데이터와 관련된 일(조사하기, 분류하기, 편집하기 등 13가지), 아이디어와 관련된 일(설명하기, 아이디어를 포착하기 등 13가지)로 구분 정리하였다. 정리된 52가지의 일 중에서 좋아하는 일 9가지를 선택해서 조합을 만들어보면 연구가, 현장가, 교육가, 기획가, 탐구가, 사업가, 행정가(사무원), 기술자, 복지사, 관리자, 평론가 등으로 구분된다. 자신이 어떤 분야에서 일하는 것이 적절한지를 알아보고 대략적인 진로방향을 예측해보고 싶다면 이 방법을 사용해보면 큰 도움이 될 것이다.

잘할 수 있는 일과 하고 싶은 일 중 어떤 것을 선택해야 하는가?

하고 싶은 일보다 잘하는 일을 먼저 알아라

현실에서 자신이 가장 잘할 수 있는 일과 하고 싶은 일이 같은 사람은 행운아이다. 좋아하는 일을 먼저 해야 할까, 잘하는 일을 먼저 해야 할까? 정답은 없다. 하지만 문제는 두 가지를 모두 해야 한다는 것이다. 흥미와 적성을 버무려야 한다는 것이다.

직업심리학자 파슨스(Parsons)는 '직업 선택은 3단계 과정을 거쳐 완성된다'고 했다. 1단계는 자신의 특성을 이해하는 것, 2단계는 직업 환경을 이해하는 것, 3단계는 1, 2단계를 통합해 직업을 선택하는 합리적 과정이다. '하고 싶은 것(흥미) vs 잘하는 것(적성)'은 항상 일치하지 않는 경우가 많아 선택에 어려움이 따를 수밖에 없다.

'WHY?!' 하고 자신에게 질문하자. 인생에서 성공하고자 한다면 자신의 능력과 추구하는 가치관을 정확히 알아야 잘하는 것을 찾을 수 있다. 적성과 흥미를 무시한 채 어떤 일이 유망하다고 선택했는데 능력을 인정받지 못하거나 일을 잘 못하는 사람에게 직업 세계에서는 '보수'를 지급하지 않는다. 이런 현실적인 이유로 직장초년생들은 어느 순간 한계에 부딪치게 된다. 대부분의 사람은 잘하는 일과 하고 싶은 일이 다르다. 그래서 어떤 선택을 해야 하는지, 병행할 수 없는 건지에 대해 자신 앞에 놓여진 현실적인 상황 속에서 방황한다. 처음부터 적성과 흥미 중 뭐를 선택할지를 결정하지 말고 그냥 지금 할 수 있는 일을 해보는 거다. 하다 보니 잘하는 일이 되면 하고 싶은 일과 연관되는 일을 찾으면 된다.

잘하는 일과 하고 싶은 일을 연결시켜라

잘하는 일과 하고 싶은 일이 있다. 그렇다면 어떤 선택을 할 것인가? 만일 내 문제로 의사를 결정해야 한다면 어떤 결정을 내려야만 할까?

많은 이들은 자신의 일이 아닐 때는 '하고 싶은 일'을 하라고 말한다. 왜냐하면, 잘하는 일도 중요하겠지만 '내가 하고 싶은 일을 하는 것이 일의 효율을 높일 수 있고 그 일에 대해 조금 더 빨리 배우지 않을까' 하는 생각을 하기 때문이다. 사람은 수많은 갈림길에서 선택을 하게 된다.

직업을 선택함에 있어서 위험을 최소화 하는 방법을 단계별로 제시해 보면 다음과 같다. 첫 단계는 잘하는 일을 선택하는 것이 생존과 직결되는 현실에서는 최선이다. 다음 단계는 잘하는 일을 해야 돈을 벌 수 있으니 벌면서 하고 싶은 일을 해보는 것이다. 잘하는 일은 직업으로, 하고 싶은 일은 취미로 병행한다. 마지막 단계로 취미로 하는 일로 돈을 벌 수 있으면 그때 가서 좋아하는 일로 옮겨 가도 될 것이다. 취미가 수입원이 된다면 더 이상 취미가 아닌 업이 될 테니까.

2016년 하반기에 화제가 된 『대통령의 글쓰기』의 저자인 강원국 작가는 문민정부와 참여정부에서 8년간 청와대 연설비서관으로 재직한 연설문 전문작가였다. 그는 어려서 책 읽는 것은 좋아했지만 남 앞에 서는 것도 싫고 글쓰기도 젬병이었다고 한다. 그러나 대기업에서 홍보 업무를 하다 글을 쓰게 되면서 대통령의 말과 글을 쓰고 다듬는 청와대 연설비서관으로 발탁될 만큼 잘하는 일이 되었다. 그러나 연설비서관을 그만두고 새로운 직장을 구해야 했던 2008년은 세계금융 위기로 취업이 잘 안 되는 암흑기였다. 몇몇 직장을 전전하다 출판사에 입사해 책을 열심히 만들다 문득, '특별한 사람만 책을 만드는 것이 아니다'라고 깨닫게 되었다고 한다. 이를 계기로 퇴사를 한 후 8년간 직접 보고 들은 경험으로 두 분 대통령의 글쓰기에 대한 핵심 노하우를 담아 낸 '대통령의 글쓰기'를 집필하게 되었다고 한다. 하고 싶은 일을 하면서 우연한 기회에 방송 출연과 주변 여건이 시너지를 내면서 출간된 지 2년 만에 종합베스트셀러 5위로 10만 부가 판매되는 대성공을 거두었고 모 대학 초빙교수와 라이팅 컨설턴트로서 방송 출연과 강연 등으로 바쁜 나날을 보내고 있다. '말과 글이 자신의 삶을 행복하게 변화시키는 계기가 됐으면 한다'는 강원국 작가야말로 잘하는 일과 하고 싶은 일을 연결해 성공한 사례라고 하겠다.

'그래! 이게 내가 하고 싶은 거야!' 하고 그 길로 가도 막상 가보니 아닌 경우가 너무 많다. 그러나 젊을수록 많은 일을 해보고 그 경험을 축적해서 자신만의 일을 찾는 게 청년들의 특권일 것이다.

자신이 잘하는 일과 하고 싶은 일은 과거의 행동패턴에서 찾아라

억세게 운이 좋아서 하고 싶은 일과 잘할 수 있는 일이 같다면 그야말로 즐기면서 일을 할 수 있을 것이다. 주위에 보면 대부분의 성공한 이들은 잘할 수 있는 일들이 대부분 하고 싶은 일이거나 그와 비슷하다. 흔히 외부에서 새롭게 자신이 좋아하는 일과 잘하는 일을 찾고자 하는 사람이 있다. 그러나 자신이 진정 좋아하는 일과 잘하는 일은 스스로, 내부에 잠재되어 있다. 단, 자각을 하고 있지 못할 뿐이다. 과거 자신의 행동패턴을 되짚어가다 보면 자신이 좋아하는 일과 잘하는 일을 찾을 수 있다.

종이와 펜을 놓고 자신이 이때까지 해왔던 일들을 사소한 것이라도 종이에 나열해보자. 그러면 지금까지 자신이 한 일, 누구와 함께였는지 등

겪었던 일들이 연관성 없어 보이겠지만, 좀 더 세밀하게 살펴보면 패턴을 발견할 수 있을 것이다. 혹은, 연관성 있는 키워드가 나올 수 있다. 그 키워드와 패턴이 바로 자신이 좋아하는 일과 잘하는 일을 찾을 수 있는 비밀의 열쇠이다. 아래 표를 참고하여 자신이 좋아하는 일, 잘하는 일을 찾아 과거로 시간여행을 떠나보기 바란다.

자신의 과거 행동패턴 점검표

Think Back (되돌아보기)				
Date	Schedule	With	Venue	Etc

인생을 설계하는 방법

모든 사람은 B(birth;탄생)에서 시작해서 C(choice;선택)를 하다가 D(death;죽음)로 마무리한다. 사람이 할 수 있는 것은 오로지 선택뿐이다. 꿈은 계속 바뀐다. 미술 선생님을 꿈꾸다 문구류 디자이너로 바뀌었고, 다시 건축디자이너로 바뀌었다가 기내 승무원으로 바뀌고, 호텔리어가 되었다가 35세가 되어 비행기 조종사가 된 여성 기장이 있다. 인생을 설계하기 위해서는 무엇을 선택하고 무엇을 버릴 것인가를 결정해야 한다. 그러려면 자신에 대해 잘 알아야 한다.

풀꽃 / 나태주
자세히 보아야 예쁘다
오래 보아야 사랑스럽다
너도 그렇다

행복한 인생은 모든 이의 꿈이다. 행복한 인생을 만들려면 직업을 먼저 선택해야 하는가, 인생을 먼저 설계해야 하는가. 이 두 질문에는 답이 없다. 직업을 먼저 선택해서 인생이 만들어질 때도 있고, 인생을 먼저 설계해 놓고 직업을 선택하는 경우도 있기 때문이다. 대개의 경우 전자의 방법을 따르는데, 이렇게 살다 보면 직업에 의해 인생이 결정되는 경우가 많다. 그리고 이러한 인생은 나이를 먹을수록 만족감이 떨어질 확률이 높다. 여러분이 입사하려는 어떤 회사가 사업계획도 없이 사람을 뽑는다면 여러분은 절대 그런 회사에 입사해서는 안 된다. 사업계획서가 없다는 것은 가는 방향이 없고 곧 망할 회사이기 때문이다. 사람도 자기 주도적인 인생을 살고 싶다면 인생계획서가 있어야 한다. 그래야 어떤 노력을 해야 할지 알 수 있기 때문이다.

인생 설계의 기초가 되는 항목은 무엇일까? 당연히 삶의 목적이다. "당신은 무엇을 위해 살고 있습니까?"라는 질문에 대한 대부분의 답변은 "자신과 가족의 행복"이라고 한다. 틀린 말은 아니다. 다만 그 다음 질문인 "당신의 삶의 목적을 달성하기 위해 당신은 어떤 역할을 해야 합니까?"라는 질문에는 답하기가 어려워진다. 답이 없어서가 아니라 모든 것이 답이기도 하고 아무 것도 답이 아닐 수도 있기 때문이다. 하지만 이런 방법으로는 진로를 선택하는 데 아무런 도움이 되지 않는다. 인생을 설계하려면 가장 먼저 삶의 목적을 세워야 한다. 그리고 행복을 좀 더 자세하게 표현할 수 있어야 한다.

여러분은 "이렇게 묻는 당신은 삶의 목적이 무엇인가?"라고 묻고 싶을 것이다. 다행히도 이 글을 쓰는 저자는 2000년도에 삶의 목적을 정했다. 10여 차례의 직업 변경을 경험하고 나서 겨우 찾은 것이니 젊은 독자들이 찾아내기란 쉽지 않을 것이다. 하지만 지금부터 생각하기 시작하면 어느 정도 시간이 지났을 때 답을 찾을 수 있을 것이다. 어느 대학생의 실제 사례를 들어 인생 설계 방법을 설명하겠다.

인생 설계에 관심이 없고, '주어지는 대로 사는 것을 인생'이라고 생각하는 독자는 본 절의 내용을 무시하고 다음 절로 넘어가기를 권장한다.

1단계 : "내가 하고 싶은 일 / 이루고 싶은 업적 / 되고 싶은 사람이 무엇인가?"를 떠올려야 한다. 많은 내용들이 열거되겠지만 자신이 처한 상황이나 끌림을 반영하여 자신의 인생에서 원하는 삶이 무엇인지 알 수 있게 된다. 이렇게 해서 정리된 내용은 2단계에서 다룰 내용이 된다.

2단계 : 내가 원하는 것이 무엇인지 알았다면 이것을 정리하여 '삶의 목적'을 만들어내야 한다. 여러 가지 목적이 있겠지만 예로 든 학생은 그중에서 가장 끌리는 목적이 "패션을 통해 자신을 표현하는 사람이 많은 세상을 만든다"로 결정하였다. 만약 여러분이 돈을 벌지 않고도 살 수 있다면 어떤 삶의 목표를 세워도 좋다. 하지만 돈을 필수적으로 벌어야 하는 사람이라면 여러분의 삶의 목적은 다른 사람들에게 도움을 줄 수 있는 일이어야 한다. 어떤 사람도 스스로는 10원짜리 하나도 만들어낼 수가 없다. 만약 만들어낸다면 범법자가 된다. 돈을 버는 유일한 방법은 다른 사람에게 필요한 무엇인가를 제공하고 그 사람으로부터 대가를 받는 것뿐이다.

3단계 : 삶의 목적을 달성하기 위해 자신이 해야 할 역할을 찾아내야 한다. 예로 든 학생은 할 수 있는 다양한 역할 중에서 자신의 관심이나 흥미, 재능 등을 고려하여 "나는 남성복 패션 디자이너이다"라고 자신의 역할을 결정하였다. 이 단계에서 직업이나 직무가 결정된다.

4단계 : 역할을 잘하기 위해 나는 어떤 '가치관'들을 가지고 있는지 찾아내야 한다. 예로 든 학생은 여러 가지 가치관 중에서 자기 역할의 당위성을 뒷받침할 만한 가치관으로 "남성들은 패션을 통해 자신을 드러낼 수 있다", "자신에게 맞는 패션은 더 나은 삶을 추구할 수 있게 해준다", "어울리지 않는 패션은 자신의 가치를 하락시킨다"로 정리하였다.

5단계 : 삶의 목적을 달성하기 위해서는 자신의 가치관에 맞는 역할을 잘 하기 위해 어떤 역량(지식, 기술, 태도)을 갖춰야 하는지 찾아내야 한다. 역할에 필요한 지식이 무엇이고 어떤 기술이 필요하고 어떤 태도를 갖춰야 하는지 알아내야 한다. 이런 정보는 이미 그런 일을 하고 있는 사람들을 만나서 물어보는 것이 가장 빠르고 쉬운 일이다. 혼자 상상하지 말고 사람을 만나서 물어야 한다.

예를 든 학생은 다음과 같이 정리하였다.

지식 : 섬유 지식, 패턴 지식, 컬러 지식이 있어야 한다.

기술 : 치수를 잴 줄 알아야 한다, 바느질을 할 줄 알아야 한다, 재봉질을 할 줄 알아야 한다, 드로잉을 할 줄 알아야 한다.

태도 : 창의성, 성실성, 인내 등이 필요하다.

6단계 : 요구되는 모든 역량을 찾아내고 그 중에서 모자라는 역량이 있는 경우에는 역량을 갖추기 위해 어떻게 행동(지식, 기술, 태도를 익히는 방법)할 것인지 결정 해야 한다. 이 단계에서 전공이 위력을 발휘한다. 역량 개발에 도움이 되는 전공을 선택한 사람은 전공 공부를 열심히 하면 된다. 만약 전공에서 배우기 어려운 역량이 있다면 다른 학교의 커리큘럼도 보고, 사설학원에도 문을 두드려야 한다. 필요한 경우에는 전공을 변경할 수도 있다. 하지만 학교를 바꾸는 것은 4차 산업혁명 시대에는 별로 위력을 발휘하지 못할 가능성이 높으니 전공 차원에서 고민하는 것이 좋겠다. 한 번의 대학 교육으로 배움이 끝나는 시대가 아닌, 평생 새로운 것을 배워야 살아남을 수 있는 시대이다. 때문에 학교의 중요성은 많이 떨어질 것이다. 예로 든 학생은 패션 전공이 아니기 때문에 다음과 같은 계획을 세워야 했다.

지식 : 학원에서 섬유와 패턴과 컬러를 배운다.

기술 : 학원에서 치수 재는 방법과 바느질, 재봉질, 드로잉을 배운다.

태도 : 책을 많이 읽어서 많은 지식을 보유한다. 운동을 통해 힘들어도 참고 인내

하는 연습을 한다.

7단계 : 모자라는 역량을 갖추기 위해 시간을 계획하고 방문할 장소를 정하고 만날 사람을 찾아내야 한다. 패션 전공이 아니기 때문에 전공자보다 더 많은 노력을 해야만 한다.

장소 : 옷 만드는 학원에 다닌다.
사람 : 패션업계 종사자들을 만나기 위해 협회나 디자이너들을 만난다.
시간 : 한 달에 20시간 이상을 패션 공부에 투자한다.

위의 인생 설계 단계 중 2단계부터 7단계는 심리학에서 다루는 '신경논리수준(Neuro Logical Level)'을 이용하여 작성한 것이다. 더 공부하고 싶은 독자는 관련 서적을 참고하기 바란다.

이렇게 정해진 삶의 목적은 언제까지 유효할 것인가를 알기 위해서는 연령대별 목표를 세워보면 그 시기를 가늠해볼 수 있다. 어떤 사람은 자신의 삶의 목적을 평생 추구할 수 있다고 생각하지만 대다수의 사람들은 일정 기간만 처음 정한 삶의 목적을 추구하고, 시간이 지나 연륜이 쌓이면서 새로운 삶의 목적을 향해 가게 될 것이다. 또 어떤 사람은 처음 정한 삶의 목적을 달성하기 어렵다고 판단하고 새로운 삶의 목적을 수립할 수도 있다. 이렇게 삶의 목적이 변화하는 것에 대해 겁먹지 말아야 한다. 어차피 인생에서 정해진 길을 끝까지 가는 사람은 거의 없을 것이다. 새로운 길을 만들어서 가다 보면 언제든 난관에 부딪히게 된다. 이 또한 여러분의 인생이다. 스스로 정한 인생의 목적과 자신의 삶을 사랑할 수 있는 자신감을 갖기 바란다.

기술 변화로 보는
미래 유망 직업

어떤 직업이 유망 직업일까?

판사와 배관공 중 어느 것이 유망 직업일까? 판사는 안정적인 수입이 있고 정년퇴직이 보장된다. 퇴직 후에도 변호사 개업을 할 수 있고, 사회적 지위도 높아서 매우 유망한 직업이라고 할 수 있다. 반면 배관공은 건축 일이 많을 때는 일이 많이 있을 것이고, 건축 일이 줄어들면 일이 줄어들 것이다. 사회적 지위는 낮다고 할 수 있지만 수입은 판사보다 적다고 할 수는 없다.

이제 4차 산업혁명 관련 기술로 인공지능이나 로봇이 그들의 일을 대체할 수 있는지를 판단해보자. 판사가 하는 일은 아주 논리적이고 합리적이어야 한다. 이것은 사건 판결 방법의 표준화를 통해 판사가 하는 일이 인공지능으로 대체될 수 있다는 것을 의미한다. 하지만 배관공이 하는 작업은 로봇으로 대체하면 비용이 더 들거나 효율성이 떨어지기 때문에 굳이 로봇으로 대체할 이유가 없다. 따라서 2025년에는 판사보다 배관공이 돈을 더 많이 버는 유망 직업이 될 수도 있다. 유망 직업이냐 아니냐는 직업 자체가 가지고 있는 중요도라기보다는 시장의 수요가 많은가 적은가의 여부를 따져보는 직업의 척도라고 할 수 있다. 이에 더해 4차 산업혁명 시대에는 인공지능이나 로봇으로 대체가 가능한지 아닌지 등의 기준도 적용되어야 한다.

일반적으로 유망 직업이란 수요가 계속 늘어나고 공급은 제한되어 있다. 급여나 수입이 높고 고용이 안정적이어서 사회적으로 부러움을 살 수 있는 직업이다. 하지만 지금까지 우리가 알고 있던 직업들은 다음과 같은 이유로 인하여 직업의 안정성에 중대한 도전을 받게 될 것이다.

『10년 후 4차 산업혁명의 미래, 미래전략정책연구원 지음』에서는 미래의 직업에 대해서 다음과 같이 전망하고 있다.

"4차 산업혁명으로 전통적인 제조업에 의존하는 국가는 어려워질 것이고, 세계 고용의 65%를 차지하는 주요 15개국에서 2020년까지 510만 개의 일자리가 사라질 것이다. 앞으로 미국, 일본, 한국, 중국 등 국가의 제조 현장에서는 인공지능을 탑재한 휴머노이드 로봇이 많은 부분 인간을 대신해 일할 것이다. 공장노동자와 단순사무직 등 많은 일자리들이 임시직으로 바뀔 것이고, 인간의 일자리 중 고급에 속했던 의사, 약사, 판사, 변호사 같은 전문직업군조차 인공지능에게 일자리를 빼앗길 것이다. 그럼에도 불구하고 4차 산업혁명은 우리에게 새로운 기회를 줄 것이다. 구글, 아마존, 페이스북, 애플 등 미국의 거대기업들은 인공지능, 사물인터넷, 자율주행차, 바이오기술, 3D프린팅 등 4차 산업혁명 관련 기술에 투자를 늘리고 있는데, 새로운 시대에는 소기업들에게도 기회가 생길 것이다."

미래는 첨단 과학기술이 발전하고 삶의 질을 중요하게 생각할 것이다. 반면 저출산 고령화는 지속되며, 환경문제가 심각해질 것이다. 이런 환경 변수를 고려하면 앞으로 유망한 직업들로 세계화 관련 직업, 컴퓨터 관련 직업, 전기전자 관련 직업, 기계·재료·화학 관련 직업, 보건복지 관련 직업, 문화 관련 직업, 금융·경영 관련 직업을 꼽고 있다. 『2015 미래의 직업세계 - 해외 직업편』(2015. 1. 30, 한국직업능력개발원·교육부)에서 정리한 앞으로의 세계 환경 변화에 따라 생겨날 미래 유망 직업을 정리하면 다음과 같다.

환경 변화를 기준으로 한 미래 유망 직업

세계화 관련 직업 국제간 교류를 위한 국제회의를 준비하고 진행하는 전문업체 종사자가 많이 필요하게 될 것이다. 국제간 거래가 활발해 물류나 세관 관련 업무도 지속적으로 증가할 것이다. 국제간의 특허 분쟁도 많이 발생할 것이다. 국가브랜드 전문가, 국제회의 전문가, 국제기구 공무원, 관세사, 국제개발협력 전문가, 국제 변리사, 물류 전문가, 우주비행사, 의료관광 코디네이터 등이 있다.

컴퓨터 관련 직업 인공지능과 로봇이 컴퓨터를 기반으로 작동하는 것이기 때문에 지속적으로 유망할 것이다. 빅데이터 전문가, 프로그래머, 웹 개발자, 데이터베이스 관리자, 네트워크 엔지니어, 시스템 엔지니어, 정보보안 전문가, RFID(극소형 칩에 상품정보를 저장하고 안테나를 달아 무선으로 데이터를 송신하는 장치, 네이버지식백과), 시스템 개발자, U-City(시민들이 편하게 행정·교통·복지·환경·방재 등의 도시정보를 제공받고 활용할 수 있는 여건을 제공하는 도시, 네이버지식백과) 기획자, 사물인터넷 개발자, 스마트그리드 통합운영원, 스마트폰 앱 개발자, 온라인 광고 기획자, 증강현실 엔지니어, 지능형교통시스템 전문가, 클라우드시스템 전문가 등이 있다.

전기전자 관련 직업 전기를 생산하고 전기를 전달하는 과정에 관련된 일을 수행하거나 관련 제품을 수리하는 일을 한다. 전기전자가 없는 생활을 상상하기란 불가능하므로 미래사회에서도 필수적이다.

기계·재료·화학 관련 직업 이 직업이 없이는 산업사회가 지탱되지 못할 것이다. 제품을 생산하지 않아도 되는 사회가 되기 전까지는 지속적으로 필요한 직업이다.

보건복지 관련 직업 노인 인구의 지속적인 증가로 의료와 복지 서비스 수요가 증대되고 있으므로 지속적으로 발전할 것이다.

문화 관련 직업 먹고사는 문제가 해결된 인류에게 지속적으로 가치를 제공해주는 분야이므로 계속 발전할 것이다.

금융·경영 관련 직업 돈이 원활하게 흐르도록 해야 하고 기업이 경쟁에서 이기기 위해 생산성을 높이는 일을 담당하므로 지속적으로 발전할 것이다.

환경 악화를 막기 위한 직업 LED제품 개발자, 기후변화 전문가, 바이오에너지 연구원, 연료전지 전문가, 온실가스 인증심사원, 전기자동차 개발자, 탄소배출권거래 중개인, 태양광발전 연구원, 폐기물에너지 연구원, 풍력발전시스템 연구원, 조력발전 연구원 등이 있다.

다음은 http://cafe.naver.com/iitkw/1170에서 추가적으로 정리된 내용도 첨부한다.

첨단기술 관련 직업 3D 모델러, 나노 공학자, 로봇공학 기술자, 생명정보학자, 애니메이터, 항공우주 공학자, 해양공학 기술자, 핵융합로연구 개발자 등이 있다.

산업과 기술의 융합형 직업 게임시나리오 작가, 고도물처리 연구원, 기상컨설턴트, 디지털 고고학자, 로봇감성인지 연구원, 빌딩정보모델링(BIM) 전문가, 생체계측의료기기 개발자, 재난대처 전문가, 정밀농업 연구원, 치료 전문가, 프로파일러, 홀로그램 전시 기획자, 일과 삶의 균형을 추구하는 직업, 보육 교사, 여행상품 개발자, 이미지 컨설턴트, 익스트림스포츠 가이드, 전직지원 전문가, 헤드헌터 등이 있다.

삶의 질 향상을 위한 문화·서비스 직업 내로캐스터(전문화 된 방송 프로그램을 만드는 사람), 동물관리 전문가, 디지털 아티스트, 디지털 장의사, 수의사, 이러닝교수 설계자, 정리수납 컨설턴트, 체형 관리사, 호텔컨시어지 등이 있다.

고령인구와 다문화 사회를 위한 직업 개인자산 관리자, 기능성식품 연구원, 노인상담·복지 전문가, 다문화 언어지도사, 생체로봇 외과의사, 유전상담 전문가, 장기이식 코디네이터 등이 있다.

직업은 수요자가 있어야 존재 가치가 있다. 따라서 미래 유망 직업은 인간이 필요로 하고 그 수요가 지속적으로 유지되거나 증가하면서 인공지능이나 로봇으로 대체되기 어려운 분야의 직업이 될 것으로 전망된다.

유망 직업을 가지려면

위에서 살펴본 바와 같이 이공계를 전공하면 여러 가지 직업 기회가 있는 것을 알 수 있지만 비이공계도 선택할 수 있는 분야가 적지 않다는 점을 놓치지 말아야 한다. 비록 전공하지 않은 분야라도 관심이 높고 할 수 있는 역량이 된다면 관련 회사에 들어가서 실력을 쌓을 수 있는 분야도 있다는 것을 명심하기 바란다.

진로를 만들어가는 방법

관심사항을 적는다

내가 무엇에 관심이 있는지를 알아내는 방법은 무엇일까? 방법은 아주 간단하다. 매일의 경험 중에서 자신이 관심 있다고 생각되는 것을 메모해보면 알 수 있다. 아침에 눈을 떠서 집에 돌아올 때까지를 회상해보면서 여러분도 한번 적어보기 바란다. 예를 들어 오늘 경험 중 관심 있었던 일은 '걷기', '책 읽기', '친구들 고민상담', '발표', '인구감소문제', '취업', '돈'……. 매일 이렇게 관심 있는 일을 적었다가 한 달 뒤에 종합해보면 어떤 것에 관심이 많은지를 알아낼 수가 있게 된다. 자신이 사람보다 물건에 관심이 많고, 실내에 있기보다는 밖으로 돌아다니기를 좋아하고, 글을 쓰기보다는 말로 하는 것을 좋아한다는 것을 알게 된다. 이렇게 만들어진 자료는 삶의 방향을 정하는 데도 참고가 되고, 전공 선택에도 도움이 될 것이다. 내가 직접 모은 데이터를 종합하여 보면 피부에 와 닿는 진로 설계가 가능해진다.

관심영역을 찾아내기 위해 가장 먼저 할 일은 최대한 다양한 경험을 하는 것이다. 경험을 하는 가장 쉬운 방법은 독서이다. 책은 보통 6~8시간 정도면 읽을 수 있는데, 이 시간이면 한 사람의 인생을 통째로 경험할 수 있기 때문이다. 흥미로만 읽는 만화책 같은 것은 여기에서는 제외한다. 만약 독서가 힘든 사람이라면 다양한 사람들을 만나는 것도 좋은 방법이다. 여행은 사람과 문화를 만나는 수단이다.

다양한 경험만으로는 진로에 필요한 정보를 얻기가 어렵다. 인간은 망각의 동물이기 때문이다. 다양한 경험에서 진로에 필요한 정보를 얻으려면 반드시 기록이 필요하다. 기록하는 방법은 아주 단순하다. 책을 읽으면서 내 마음이 관심을 보였던 것들을 한 줄씩 메모하는 것으로 충분하다. 예를 들면 '인류는 인공지능과 치열하게 싸워야 한다', '사람들에게 필요한 물건을 만들어보면 재미있겠다', '목공 작품을 만들어보고 싶다', '사진을 찍어보고 싶다' 이런 것들을 메모하면 되는 것이다.

지속적으로 관심을 가질 일을 찾아낸다

이런 메모들이 모아져야 자신의 수많은 생각을 눈으로 볼 수 있게 된다. 생각을 눈으로 본다는 것은 내가 더 관심을 가질 수 있는 생각들을 선택하고 발전시킬 수 있다는 것을 의미한다. 내가 관심을 가지고 있는 것이 무엇인지, 어떤 일을 하고 싶어 하는지, 무엇을 위해 살고 싶은 것인지 등을 알아낼 수 있다. 이렇게 정리된 메모 내용은 단 시간에 심리검사 도구를 통해서는 절대로 알 수 없는, 살아 있는 '나에 대한 정보'를 얻을 수 있는 귀중한 보물단지이다. 다양한 경험을 통해서 얻어진 메모 내용을 정리하여 적성검사, 선호도검사, 성격유형검사 결과 등과 비교해보면 좋아하는 일을 찾아낼 수 있다.

현실성을 검토한다

현실성 검토에서 놓쳐서는 안 되는 것은 '돈이 되는가?' 하는 것이다. 먹고살 만큼 돈이 되는 일을 찾아야 현실적 직업으로서의 가치가 있다. 돈 되는 일을 판단하는 기준점은 현재가 아니라 미래이다. 현실성을 검토할 때는 어른들의 지혜를 빌리는 것이 필요하다. 주의할 점은 미래에 관심이 많고 제대로 지식을 갖추고 있는 멘토를 만나 지혜를 구해야 한다는 것이다. 안타깝게도 학생들의 진로 선택에 가장 많은 영향을 미치는 선생님이나 부모님 중에는 미래에 대해 관심 있는 사람이 적다. 대신 미래 변화를 의미 있게 예측하는 데 도움이 되는 미래 예측 보고서들이 있다. 매년 출판되므로 반드시 읽어보고 진로 선택의 판단 자료로 활용하면 좋겠다.

역량을 개발한다

좋아하면서 돈도 되는 일이 결정되었다면 이제는 그 일을 할 수 있는 역량을 개발해야 한다. 역량을 개발하기 위해서는 다음의 세 가지 영역을 채워야 한다.

한 가지는 필요한 지식을 습득하는 것이다. 지식을 습득하는 가장 좋은 방법은 학교를 통해서다. 하지만 무턱대고 진학하면 함정에 빠질 수 있다. 지금 시대는 지식의 성장 속도가 너무나 빨라서 학교에서는 도저히 가르칠 수 없는 것들이 많다. 학교에서 배우는 것에만 의지하지 말고 반드시 인터넷이나 인맥을 통해 새로운 지식을 스스로 찾아가며 학습해야 한다. 만약 스티브잡스가 대학교를 완전히 끝마치고 사업을 시작했다면 아이폰을 만들 수 있는 기회를 다른 사람이 차지했을 지도 모른다.

다른 한 가지는 필요한 기술을 습득하는 것이다. 기술은 일정 시간 동안 갈고 닦아야 얻어질 수 있는 것이므로 누군가에게 배우면서 연습을 해야 한다. 필요하면 자격증도 획득해서 타인으로부터 실력을 인정받아야 한다. 의사, 변호사, 영양사, 조리사, 교사가 되려면 반드시 자격증을 취득해야 하는 이유이다.

나머지 한 가지는 필요한 태도를 갖추는 것이다. 태도는 지식과 기술

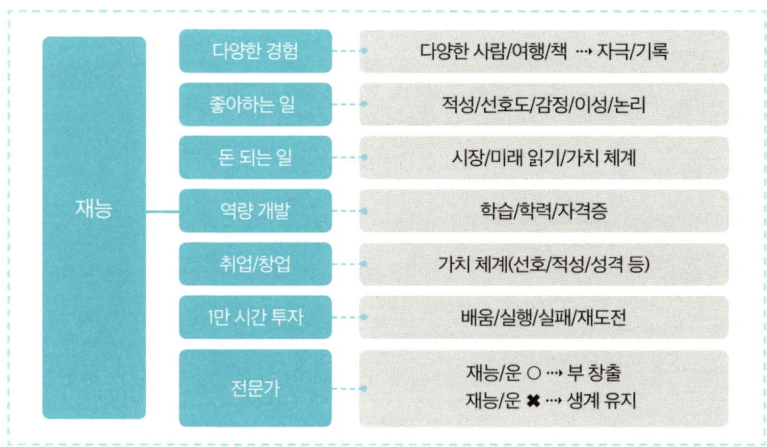

재능	다양한 경험	다양한 사람/여행/책 ⋯ 자극/기록
	좋아하는 일	적성/선호도/감정/이성/논리
	돈 되는 일	시장/미래 읽기/가치 체계
	역량 개발	학습/학력/자격증
	취업/창업	가치 체계(선호/적성/성격 등)
	1만 시간 투자	배움/실행/실패/재도전
	전문가	재능/운 ○ ⋯ 부 창출 재능/운 ✖ ⋯ 생계 유지

을 익히는 기반이기도 하다. 훌륭한 태도는 훈련을 통해서 얻어질 수 있는 것들도 있지만 대부분은 타고나거나 일상생활을 통해서 습관화 되는 경향이 많다. 대부분의 조직은 지식이나 기술보다 태도에 더 높은 가치가 있다고 생각한다. 태도라고 한다면 적극적, 창의적, 도전적, 수용적 등으로 표현되는 것들이다. 올바른 태도를 가진 사람들은 필요한 지식과 기술을 지속적으로 배울 수 있지만 잘못된 태도를 가지고 있는 사람은 필요한 지식과 기술 습득에 게으르거나 습득 자체를 거부할 수 있다. 태도를 표현하는 단어들은 이 밖에도 매우 다양하다.

감사, 검약, 겸손, 경청, 공경, 과단성, 근면, 긍휼, 기쁨, 끈기, 담대함, 덕성, 만족, 믿음, 분별력, 사랑, 설득력, 솔선, 순종, 시간 엄수, 신뢰성, 정직, 신중, 안정, 열성, 온유, 온화함, 유연성, 의지력, 인내, 자원 선용, 절제, 정의, 조심성, 진실성, 창의성, 책임감, 철저함, 충성, 포용, 환대, 후함, 적극성, 도전정신 등 수없이 많다. 주의할 점은 이런 태도들은 산업의 특성, 기업의 특성, 직무의 특성, 상사의 특성 등에 따라 꼭 필요한 것도 있고 있으면 안 되는 것도 있다는 것을 명심해야 한다.

전문가가 된다

필요한 지식과 기술, 태도를 확보해서 역량이 갖추어지면 좋아하면서도 돈 되는 일을 할 수 있다. 오랫동안 지속적으로 같은 직업을 유지할 수 있고 자연스럽게 전문가의 경지에 오를 수 있게 된다. 전문가가 되면 먹고사는 문제는 해결될 것이다. 사람의 노력은 전문가가 되는 것까지다. 만약 많은 돈을 벌고 싶다면 운이 따라 주어야 한다. 내가 가지고 있는 전문적인 능력이 사회적으로 크게 쓰일 수 있어야 많은 돈을 벌 수 있기 때문이다. 마크 저커버그가 개발한 페이스북이 너무 일찍 세상에 나왔다면 사람들에게 널리 쓰이지 못하고 망했을 것이다. 운이 따랐거나 세상의 흐름을 잘 이해하고 페이스북을 개발했기 때문에 지금의 페이스북이 된 것이다. 또 한 가지는 재능을 타고나야 한다는 점이다. 아무리 좋아하고 돈 되는 일이라고 해도 재능을 타고나지 못했다면 좋은 성과를 만들기가 어려울 것이고 쉽게 전문가가 되기도 어려울 것이다. 세상은 나 말고도 같은 분야의 전문가가 되려고 노력하는 사람이 너무도 많기 때문이다. 그러니 항상 내가 좋아하는 일에 재능이 있는지 확인하는 절차가 필요하다.

재능이 있는지를 확인하는 방법은 일을 배우는 속도가 빨라야 하고, 쉽게 높은 단계로 발전할 수 있어야 한다. 항상 좋은 성과를 이루어내고 타인으로부터 잘한다고 인정을 받을 수 있어야 한다.

지금까지 진로를 만들어가는 방법에 대해 설명하였다.

자신의 핵심역량을
알기 위한 방법

니 핵심역량은 뭐니?

'핵심역량이 뭐야?' 질문을 받는 순간 머릿속이 실타래처럼 엉켜 쉽게 답하기 어려울 것이다.

일반적인 설명은 특정성과를 만들어내는데 필요한 지식, 기술, 태도의 조합으로 경쟁자에 비하여 경쟁우위를 가져다주는 힘이라고 할 수 있다. 개인에 있어 핵심역량의 근원이 되는 것은 퍼스낼리티(personality) 성격이 강한데 이를테면 추진력, 리더십, 전문성, 포용력, 성실성 등을 말한다.

핵심역량의 3가지 특징은 '첫째, 자신의 능력이 경쟁력과 가치 증대로 이익을 가져다줄 수 있는가? 둘째, 대체 불가한 전문성이 있는가? 셋째, 다양한 경험과 지식으로 성장 가능성이 있는가?'이다. 예측할 수 없는 미래에 나만이 가질 수 있는 역량을 만들어가는 메커니즘을 형성하는 데 필수적이다. 예를 들어 요즘 핫한 예능, 시사프로그램 등에서 종횡무진하고 있는 연예인 김구라는 시니컬하고 톡톡 쏘는 독설과 다양한 패널들을 컨트롤하는 박학다식한 진행능력이 탁월하지 않은가? 혹자들은 최근 변화

39

된 방송 트렌드에 최적화 된 연예인이라고도 한다. 말하자면 톡톡 쏘는 독설과 다양한 패널들을 컨트롤하는 진행능력은 대체 불가의 영역 그리고 여러 분야를 넘나드는 박학다식함이 김구라의 핵심역량이라 하겠다.

핵심역량, 이렇게 준비하자

그렇다면 자신의 핵심역량을 어떤 방법으로 준비할 것인가?

▌1▐ 다양한 경험부터 해보라

- 인턴, 현장실습, 아르바이트, 대외활동 등 실제 업무를 수행하면서 배워라.
- 문제발생 시 해결책을 고민하고 제안해보라.
- 행동 없는 성과는 없다.

▌2▐ 스피드하게 배우지 말고 재미로 배워라

벼락치기 공부를 하면 시험을 치룬 후에 기억나는 것이 얼마 없어진다. 어떤 분야에 몰두해 마니아 이상의 열정과 흥미를 가지고 있는 사람을 '덕후'라고 하는데 새로운 분야에서 자신만의 콘텐츠를 가지고 있는 학위 없는 지식인으로 존중되고 있다. 이처럼 남다른 깊이의 취미생활이 인생역전이 되는 새로운 문화가 만들어지고 있다.

▌3▐ 배운 것을 표현하라

재미있는 이야기를 듣고 다른 사람에게 하려고 하면 웃었던 기억밖에 없어 '참! 재미있는데 뭐라고 할 수가 없네' 하지 않은가? 미국의 교육학자인 에드가 데일에 의하면 '사람은 단계적으로 기억을 하는데 읽기 10%, 듣기 20%, 보기 30%, 보고 듣기 50%, 말하기 70%, 쓰고 말하기 90%'라고 한다. 이렇듯, 습득한 정보와 지식은 커뮤니케이션 스킬로 완성된다.

⁴ 사람과 일을 대하는 태도역량을 키워라

일 잘하고 못하는 것의 큰 차이는 업무에 임하는 태도로 드러난다. 다양한 경험을 통해 태도역량을 체득해야 한다. 공감과 감성, 소통을 잘하는 사람이 미래에 살아남을 인재이다. 이러한 역량을 가지고 있는 인재는 어느 직무분야에서든 살아남을 수 있을 것이다.

미래 사회에는 백과사전적인 지식을 축적하는 것으로는 더 이상 경쟁력이 없다. '4차 산업혁명의 시대'라는 알 듯 모를 듯한 불확실한 미래를 살아가려면 다양한 변화에 대응할 수 있게 적극적인 지식의 적용과 활용할 수 있는 지식의 확장성이 절실히 요구된다. 지식을 자기화 하고 활용하는 데 효과적인 방법은 적극적으로 말하고 행동하는 확장성에 있다.

이를테면, 탄탄한 기초지식과 인성을 바탕으로 한 문제해결능력도 중요하지만 문제 제기를 할 수 있는 사물에 대한 관심과 관찰에 기반한 호기심, 서로 다른 분야를 상호 융합하는 능력, 그에 따른 비전을 제시할 수 있는 역량이 요구되는 시대이다. 이러한 역량이 구축된다면 크게 생각하는 사람, 자신을 끊임없이 계발하고 타인을 이롭게 하는 사람, 경청을 잘하는 사람, 소통을 잘하는 사람, 네트워킹을 잘하는 사람으로 21C에 요구되는 핵심역량을 갖췄다 할 것이다.

미래에 필요한 역량 체크리스트

역량	내용
창의적능력	새로운 생각·개념을 찾아내거나 기존의 생각·개념을 새롭게 조합하여 가치 있는 결과물을 만들어내는 능력
문제해결능력	다양한 사고방법을 이용하여 주어진 문제를 분석하여 파악하고, 적절한 해결방안을 수립하고 적용하여 해결하는 능력
의사소통능력	언어적·비언어적으로 표현된 생각·감정·의견을 해석·표현하며 적절하게 상호작용하는 능력

협력성	문제해결, 새로운 산출물 창출, 학습 및 숙련을 위하여 다른 사람과 함께 일함으로써 다른 사람들과 효과적으로 상호작용하는 능력
테크놀로지 리터러시	정보의 수집·해석·활용·창조를 위하여 다양한 테크놀로지를 취사 선택하여 활용할 수 있는 능력
예술적 사고능력	감각·감성·지성에 영향을 줄 수 있는 다양한 방법으로 대상을 파악하고 표현할 수 있는 능력
배려성	타인의 생각과 행동을 인식하고 공유하며 다른 사람에 대한 친절하고 관대한 태도
전심전력	자신의 감정, 말, 행동, 충동과 의욕을 적절히 조절하며 주어진 상황에서 최선을 다하는 성향
도전의식	많은 노력과 결정이 필요한 새롭고 어려운 일을 시도하는 성향
윤리의식	목적·가치·방법·결과·기대가 일관되게 합리적으로 진행되는 행동의 정확성과 윤리성
사회적능력	개인·대인 간·문화. 예술 간의 이해를 기반으로 다양한 사회적 삶에 효과적·생산적으로 참여하고 사회적 갈등을 해소할 수 있는 능력
유연성	다변하는 사회에서 다양성을 적극적으로 수용하고 이를 공동의 이익을 위한 실현 가능성으로 만들어가는 능력
자기 주도성	자신의 목적을 달성하기 위하여 계획하고, 수행하고, 결정하여 진행하는 능력
리더십능력	목표와 비전을 설정하고, 사람과 조직을 안내하고 이끄는 능력
책무성	최종 목표를 설정하고 이를 달성하기 위하여 활동을 계획하고 진행함과 동시에 성과를 도출하고 결과에 책임을 지는 성향

진로 선택은 직업이 아니라 일을 선택하는 것이다

우리 사회의 잘못된 직업 선택의 폐해

진로 선택과 직업 선택은 구별되어야 한다. 진로 선택은 어떤 일을 선택하는가 하는 문제이다. 반면 직업 선택은 우리 부모들이 자녀들을 힘들게 하는 '좋은 직업'을 가지라는 걸 의미한다. 이때 좋은 직업이란 사회에서 우대받고 대접받는 '직장'이나 직업을 의미한다. 부모와 교사들은 자녀들이 안정적으로 직업생활을 할 수 있게 '특정 직업인을 목표로 하라'며 많은 지식과 가치관을 투입한다. 특히 공부를 잘하는 학생일수록 주변의 압박은 더 심하다.

하지만 이러한 환경에서 성장한 학생들은 단순히 '말 잘 듣는 순한 양'(『공부의 배신』에서 언급)이 되어간다는 사실을 아는 사람은 드물다. 사회에 발을 내딛는 순간 이들은 깨닫게 된다. 그렇게도 갖고 싶었던 직업이 요구하는 일들은 '내가 하고 싶은 일들과는 많이 다르다'는 것을, '그저 월급을 받기 위해 시키는 일을 해야 한다'는 사실을, '나는 직업을 보고 선택했는데 하고 싶은 일은 아니었다'라는 것을, 직업을 선택한 다음에야 알게 된다.

일, 직업 이전에 선택해야 할 자신의 가능성

일은 직업 이전에 생각해야만 하는 단어이다. 인간의 욕구를 만족시키기 위해서는 누군가 일을 해줘야만 한다. 예를 들어보자. 누군가 배고픔을 해결하기 위해서는 밥이 필요하다. 하지만 일이 수반되지 않으면 밥은 절대 인간의 몸속으로 들어갈 수 없다. 일이란 '쌀을 생산한다 → 밥을 짓는다 → 밥을 먹는다' 등이다. 이러한 일들이 연결되어야 배고픔이 해결될 수 있다. 쌀을 생산하는 농부나 밥을 지어주는 사람이 일을 하지 않으면 우리는 절대로 밥을 먹을 수 없다.

직업은 여러 일을 합쳐서 통합적으로 일컫는 추상적인 단어이다. 직업을 표현하는 단어는 마치 대학교의 전공명칭이 달라지듯 시대와 목적에 따라 계속 달라진다. 30년 뒤에 80퍼센트의 직업이 사라진다는 것은 직업 이름이 사라진다는 것이지, 그 직업이 가지고 있던 일이 사라진다는 것은 아니다. 대부분의 일은 그대로 남아 있다. 그 일을 하는 방법이나 실행자가 바뀔 뿐이다.

택시나 드론이 하는 일은 물건이나 사람을 운반하는 것이라고 한정지어 생각해보자. 만약 드론이 충분히 발전하여 택시를 대신해서 사람이나 물건을 나를 수 있게 된다면 택시 운전수는 더 이상 필요가 없게 될 것이고 드론 조종사가 필요하게 될 것이다. 이때 진로를 선택하는 사람의 관심은 택시 운전수라는 '직업'이 아니라 물건이나 사람을 나르는 '일'이어야 한다. 택시 운전수는 택시가 사라지면 실업자가 되지만, 물건을 나르는 일은 여전히 남아 있기 때문에 드론 조종사가 되거나 관제사가 되거나 드론용 AI 개발자가 될 수 있다. 또 드론 수리원이 될 수도 있다. 이들은 모두 운반하는 일에 기여하는 업무를 하는 사람들이기 때문이다.

진로를 제대로 찾아가기 위해서는 시대따라 유행따라 나타났다 사라지는 추상적인 단어의 직업명에 집착할 것이 아니라 인간의 욕구를 만족시키는데 필요한 일에 초점을 맞추고 역량을 개발해 나가야 한다. 직업을 분해하여 어떤 일들로 구성되어 있는지 알아내는 연습을 하면 미래의 직업 선택이 훨씬 쉬워질 것이다.

직업세계를
이해하는 방법

직업세계 - 일, 직업, 전공, 직무, 회사의 유기적 결합

특정 직업인의 얘기를 들어도, 직업사전 또는 직무사전을 봐도, 회사설명회에 참석해봐도 직업세계 전체를 이해하기는 매우 어렵다. 사회생활을 30년 이상 해본 사람도 직업세계 전체를 이해하기는 어렵다. 그 이유는 다음에 다룰 다섯 가지 단어에 대한 이해가 부족하고 서로의 결합관계를 이해하기가 어렵기 때문이다. 직업세계를 이해하려면 일, 직업, 전공, 직무, 회사의 관계를 전체적으로 이해하는 것에서 출발해야 한다. 먼저 각 단어의 의미를 살펴보자.

'**일**'은 '무엇을 이루거나 적절한 대가를 받기 위하여 어떤 장소에서 일정한 시간 동안 몸을 움직이거나 머리를 쓰는 활동(국어사전)'이다. 진로탐색에 적합한 단어로 풀이하면 국어사전의 정의에 '돈을 벌 수 있는 일과 벌 수 없는 일을 모두 포함하는 것'을 더해야 한다.

'**직업**'은 '생계를 유지하기 위하여 자신의 적성과 능력에 따라 일정한 기간 동안 계속하여 종사하는 일(국어사전)'이다. 진로탐색에 적합하게 풀이하면 직업은 '일 중에서 상당 기간 지속적으로 돈을 벌 수 있는 활동' 이라고 해야 한다.

'**전공**'이란 '어느 한 분야를 전문적으로 연구하는 것(국어사전)'이다. 진로탐색에 적합하게 풀이하면 특정한 직무를 갖기 위해 시간과 돈을 들여 지식과 기술을 익히는 방법이다. 따라서 반드시 정규 과정(대학교 등)을 거쳐야 하는 것을 의미하지는 않는다. 특히 4차 산업혁명은 전통적인 교육제도에서 배우기 어려운 것들도 요구한다.

'**직무**'는 특정 조직이나 회사에서 부여하는 것으로 '직책이나 직업상에서 책임을 지고 담당하여 맡은 사무(국어사전)'를 말한다. 직무는 조직에서 사용하는 단어이고 급여를 받는 것과 관련되어 있다. 즉, 직무를 가진 사람은 대부분 급여를 받는다고 할 수 있다. 스스로 돈을 벌 수 있는 자영업자나 전문가와는 구별된다. 극히 예외적으로 봉사활동을 하는 사람은 직무를 맡아도 급여가 없을 수 있다.

'**조직(회사)**'은 '특정한 목적을 달성하기 위해 여러 개체나 요소가 모인 체계 있는 집단(국어사전)'이다. 이 중에서 영리를 목적으로 만들어진 조직을 '회사'라고 한다. 진로탐색에 적합하게 풀이하면 '경제활동을 통해 돈을 벌어서 급여를 주는 주체'라고 할 수 있다.

이러한 단어들의 유기적인 결합으로 이루어진 직업세계를 쉽게 이해하기 위해 드론 제작과정을 따라가면서 일, 직업, 전공, 직무, 회사가 어떻게 결합되어 움직이는지 살펴보자. 이 세상의 모든 직업세계는 드론을 중심으로 맞물려 있다는 것을 알게 될 것이다. 드론을 만들기 위해서는 제품을 기획하는 일, 자금을 확보하는 일, 부품을 제작하는 일, 일부 부품을 수입하는 일, 수입을 위해 운송하는 일, 포장지 디자인과 인쇄하는 일, 광고하는 일, 영업하는 일 등이 결합되어야 한다. 이러한 일들은 특정 기업이나 조직 내에서 이루어질 것이고 직업이나 조직 내에는 기획, 총무, 인사, 회계, 연구개발 등 다양한 직무들이 기능해야 한다. 관련 범위를 더 확대해보면 부품제조담당자가 먹어야 하는 음식, 잠을 잘 집, 마셔야 할 깨끗한 물 등을 누군가 책임지고 공급해줘야 드론을 만들 수 있다. 만약 이 중에서 한 가지 일이라도 빠진다면 우리는 드론을 만날 수 없게 될 것이다. 그리고 이런 다양한 일들을 할 수 있는 지식과 기술을 익히기 위해 학교나 학원에서 배워야(전공) 한다.

이처럼 드론 하나를 만들기 위해서는 무수히 많은 일과 직업, 직무와 기업, 조직들이 필요하며 작업자는 특정능력을 확보하기 위해 관련 전공을 이수할 필요가 있다. 저자는 이러한 결합을 '워크체인'이라고 부른다.

워크체인을 제대로 이해하기 위해서는 왜 그런 물건이 필요한가(인간의 니즈), 그런 물건을 만드는 사람을 무엇이라고 부르는가(직업명), 그런 직업을 갖기 위해서는 어떤 전공을 해야 하는가(지식과 기술), 그런 전공을 하면 어떤 직무를 담당할 수 있는 역량을 확보하게 되는가, 그런 직무는 어떤 조직(회사)에 있는가, 그런 조직(회사)에 들어가려면 어떤 역량을 더 보완해야 하는가 등의 질문을 스스로 만들고 답을 달아보면 된다. 이렇게 직업세계를 제대로 이해하고 접근해야 진로를 찾거나 만들어가는 것이 쉬워질 것이다.

취업할 것인가,
창업할 것인가?

A는 아이디어가 많고 행동력이 왕성한 친구다. 대학 때 여러 공모전에서 다수 수상도 했고 기업공모전을 통해 모 은행에 취업도 하게 되었다. 부모님의 강력한 권유로 선택했던 은행은 급여는 만족스럽지만 보수적인 조직문화와 과중한 업무가 불만이었다. 그럭저럭 적응을 잘하는 것 같았다. 그러면서 A는 공모전에 수상했던 경력으로 대학생을 대상으로 공모전 컨설팅 하는 일을 은행에 다니면서 투잡으로 계속했다. A의 시작은 좋아하는 일과 현실 속에서 두 마리 토끼를 다 잡은 것이다. 그러나 늦은 퇴근은 다반사였으며, 직장 스트레스도 점점 더 심해져 갔다. 그래도 좋아하는 컨설팅은 놓지 않았다. 승진도 하면서 그렇게 몇 년을 보냈다. 두 가지를 잘할 수 있다고 호기롭게 욕심을 부렸던 A는 점점 직장에서 틈이 생기기 시작했다. A는 선택을 해야 했다. 퇴사를……. 그런 과정 속에서 공모전 컨설팅 일도 어려워지게 되었다. 프리랜서세계는 정글과도 같은 치열한 경쟁을 하는 곳인데 A의 성실하지 못하고 산만한 상황을 기다려 줄 곳은 그 어디에도 없었다. 안에서 깨진 바가지 밖에서는 줄줄 세게 되지 않나? A는 결국 부모가 원하는 일과 자신이 좋아하는 일이 전혀 다른 분야인데도 자신의 능력을 과신하고

무리한 욕심으로 두 마리 토끼를 다 놓치게 되었다.

위의 사례는 부모의 의도대로 직업을 선택했다가 적성에 맞지 않아 결국 퇴사하게 된 경우다. 대학교를 졸업하고 직업을 선택하는데 주변에서 가장 영향력을 많이 행사하는 사람은 부모일 것이다. 얼마 전 문상을 갔는데 친척 한 분이 자신의 딸이 이번에 예일대 교수가 됐다며 묻지 않아도 만나는 사람들에게 다 말하는 것이었다. 평소 친인척 경조사에 관심이 없는 사람인데 자식 자랑하러 왔나 싶을 정도였다. 대부분의 부모는 안정적이고 남과 비교해도 좋은 직장을 선호하게 된다. 그런 이유 등으로 자신이 하고 싶은 일과 괴리가 생길 수밖에 없으리라.

자신의 인생에서 주도적이지 못하면 원치 않은 선택으로 후회를 할 수 있다. 물론 여러 상황들로 어쩔 수 없는 경우도 있으나 하고자 하는 일에 대해 확고한 자기 확신이 있다면 부모님을 설득할 수 있어야 한다. 후회를 최소화 하는 현명한 선택은 오롯이 자신에게 있다.

취업할 것인가? 창업할 것인가?

취업을 할 것인지 창업을 할 것인지 무엇을 선택하든 나름의 가치가 있다. 창업만이 세상에 새로운 기여를 하는 것은 아니다. 취업도 회사를 위해 새로운 기여를 해야 한다. 그것이 스스로의 능력을 입증하는 길이고 회사에서 지속적으로 급여를 받을 수 있는 이유이다.

취업을 하려면 당당하게 그 회사의 일원으로서 기여를 할 준비가 되어 있어야 한다. 무조건 열심히 하겠다 말고 구체적인 준비가 있어야 한다. 한국경영자총연합회의 2016년 신입사원 채용실태 조사에 따르면 1년 이내 4명 중 1명이 퇴사한 것으로 나타났다. 퇴사 이유는 조직 및 직무적응 실패(49.1%)였다. 조직과 직무 관련 이해가 없이 입사해서 회사에 기여를 할 수 있겠는가? 창업을 결심했다면, 그 길이 인생의 비전이 되고 목표가 되는 것이어야 한다. 멀고 긴 여정을 즐길 수 없고 스스로 행복하지 않다면 군이 험한 길을 시작할 필요가 없기 때문이다.

창업은 과거에는 부도내면 신용불량자로 전락해서 재기하기 어려워 끝장나는 시대였다면 이제는 미국의 실리콘밸리처럼 실패 또한 미래의 자산임을 자각하고 그 실패 비용을 사회가 부담할 준비가 되어 있다. 내가 이 세상에 태어나서 어떤 역량과 가치를 보탤 수 있을지가 사회생활의 시작일 것 같다. 요즘 시대는 너무나 우울하지만 길은 여전히 있지 않은가? 2~3년 전부터 정부가 어마어마한 창업 자금을 지원하고 있다. 창업을 돕겠다는 기관이 창업자보다 많아지고 있다. 그만큼 국가의 도움으로, 심지어 남의 돈으로 사업을 시작할 수 있는 절호의 기회이다.

취업과 창업, 뭐가 다르지?

누군가는 대한민국이 '취업 지옥'이라고 한다. 스펙 깡패도 실력과 관계없이 예외가 아니다. 유학까지 다녀와서 외국어 구사능력도 훌륭한데, 요즘 기업들은 신입은 찔끔 뽑고 경력직만 찾는단다. 병아리를 키워서 닭이 될 때까지 건강할지 모르는 불확실성에 시간, 돈, 투자를 꺼린다는 것이다. 야속하게도 기업들은 내 코가 석자인데 언제 키워 먹느냐는 하소연이다.

취업을 해도 절반 이상이 임시직이나 계약직이다. 누구는 처음부터 정규직으로 승승장구하는데 누구는 정규직은 고개를 들어 보기도 어렵던 조선시대 반상관계 같은 현실이 청년들을 한숨짓게 만든다. 거기다 과거의 공무원과 미래의 공무원의 연금 격차가 배가 날 거라는 암울한 소문도 있어 그동안 공무원 시험에만 목숨을 걸고 고시원에서 미래를 걸었던 청년들에게는 날벼락 같은 소식도 들려온다. 이와 같은 최악의 상황에서도 청년들은 현실과 동떨어진 희망 속에서 오로지 취업에 올인하고 있다. 명문대를 거쳐 대기업 취업이 대한민국 대다수 부모와 청년들의 꿈과 비전이라 대기업 합격증을 나눠주는 자리에서 부모와 자식이 껴안고 울음을 터뜨리는 광경도 심심찮게 목격된다. 이러다 보면 취직했다고 동네에 현수막 걸리는 날도 곧 오지 않을까 싶다.

대학생들은 창업을 망설인다. 자기와 관계없는 걸로 생각한다. 왜? 부모님이 반대하니까. 안정적인 직장을 가져야 제대로 결혼도 하고 안정적인 생활도 할 수 있지 불안하게 투자는 무슨 투자란 말인가. 창업하는 자녀에게 부모는 미래가 불안하다고 생각한다. 실상 대기업에 들어가 부품처럼 일하는 사람들은 또 얼마나 행복할까?

세상의 모든 기업들은 크건 작건 창업의 결과이며 리스크를 극복했기 때문에 그 과실이 어마어마하게 열린 결과이기도 하다. 평생을 써도 다 쓰지 못할 막대한 부를 축적한 창업자들이 즐비하다. 그런데 사람들은 그들은 다른 부류의 사람들이라 치부한다. 우리나라도 과거 386세대들이 창업을 이끌었고 지금의 내로라하는 인터넷 기업들의 창업자들은 86학번 전후가 많다. 이들이 특별해서가 아니라 그 시대의 기회 때문이었다. 그렇다면 지금은 기회가 없는 시대인가? 그렇지 않다. 모바일의 시대가 이제 막 태동했다. 기회다. 기업들은 창업 경험이 있는 청년들이나 경력자를 선호한다. 창업이 경력의 과정이기 때문이다. 창업은 한마디로 종합예술이라고 할 수 있다. 회사를 운영하면서 이런저런 숱한 어려움과 도전에 직면하기도 하고, 늘 운영 자금을 고민해야 하는 시련을 경험했기에 다른 회사에 와서도 더 폭넓은 활약을 할 수 있을 거라 기대한다.

관상어 중에 '코이'라는 물고기가 있다. 작은 어항 속에 기르면 5~8cm가 되고, 수족관이나 연못에 기르면 15~25cm로 자라며, 강물에 방류하면 90~120cm까지 자란다고 한다. 같은 물고기라도 어항에 기르면 피라미만 하고 강물에 놓아두면 대어가 되는 것을 '코이의 법칙'이라고 한다. 코이의 법칙은 사람 또한 주변 환경이나 생각 그리고 행동력에 따라 엄청난 결과의 차이를 만들 수 있다는 것을 입증해주는 상징적인 비유이다.

취업에만 몰두하지 말고 창업에도 눈을 돌려보면 어떨까? 취업도 좋고 창업도 좋다. 주저하지 말고 무엇이든 시작을 하면 좋겠다. 자신의 성향과 여러 조건을 분석해보고 선택하되 친구 따라 강남 가는 오류를 범하지 말아야 한다. 철저히 '자기만의 가능성'을 펼칠 수 있는 주체적인 결정을 했으면 한다.

Q 비이공계 학생입니다. 4차 산업혁명은 대부분 이공계와 관련된 직업들을 만들어내고 있는 것 같습니다 문과생들은 정말 미래에는 할 일이 없게 되는 것인가요? 지금부터라도 다시 이공계 공부를 해야 하는 것인가요?

A 사람이 살아가기 위해서는 매우 다양한 일들을 필요로 합니다. 물건을 만들거나 정보를 생산하는 것과 관련된 것들이 필요하지만 생산된 물건과 정보를 필요로 하는 사람들에게 전달하는 과정에는 반드시 인문학적인 능력을 가진 사람이 관여를 해야 합니다. 여러분은 TV에서 인공지능이 문자로 전달하는 뉴스를 보는 것보다는 사람이 나와서 해주기를 원할 것입니다. CG로만 제작된 영화보다는 내가 좋아하는 배우가 연기를 하는 영화를 더 선호할 것입니다. 4차 산업혁명은 비이공계의 영역을 어느 정도는 침범해 들어올 것입니다. 그렇다고 모든 것이 대체되지는 않을 것입니다.

4차 산업혁명 속에서 살아가기 위해 많은 사람들이 답을 찾으려고 노력하고 있습니다. 정해진 몇 가지 답은 있습니다. 골근격증강기 연구원(인간의 뼈와 근육의 힘을 강화시켜줘 사람이 힘을 더 쓸 수 있게 도와주는 장치. 영화 '엘리시움' 포스터 참조) 같은 미래 지향적인 직업을 가지는 것입니다. 하지만 그런 직업은 내가 선택할 수 있는 것이 아니라는 데 문제가 있습니다. 적합한 답이 없을 때는 스스로 만들어가야 합니다. 이때 가장 중요한 것은 내가 좋아하는 일을 알고 그것을 잘할 수 있도록 훈련해야 한다는 것입니다. 지금부터 매일 한 줄씩 내가 오늘 한 일 중에서 좋았던 일이 무엇인지를 진로노트에 적어 보기 바랍니다. 그리고 한 달 뒤에 진로노트를 펴고 내가 어떤 일들을 좋아하는지 찾아내기 바랍니다. 그곳에 여러분의 진로가 있습니다.

Q 삶의 목적을 정하는 것이 너무나 어렵습니다. 어떻게 하면 삶의 목적을 정할 수 있을까요?

A 50이 넘은 사람에게 물어도 답하기 어려운 것이 삶의 목적입니다. 지금 바로 진로노트를 꺼내서 하고 싶은 일, 이루고 싶은 업적, 되고 싶은 사람이 무엇인지 모두 적어보십시오. 생각이 부족하면 길을 걸으면서, 밥을 먹으면서, 영화를 보면서, 버스를 타면서 이것들에 대해 메모장에 적으십시오. 더 이상 나오지 않을 만큼 적었다고 생각되면 연령대별로 분류를 하십시오. 20대에는 어떤 일·업적·사람, 30대에는 어떤 일·업적·사람, 40대, 50대, 60대에 바라는 일·업적·사람을 적으십시오. 그것이 여러분이 원하는 삶의 목적이 될 것입니다. 주의할 점은 여러분 자신이나 여러분의 가족만을 위한 것들이라면 주변으로부터 아무런 도움도 받지 못할 것이고 도움을 못 받으면 목적을 달성하기가 어려울 것입니다. 주변 사람들은 자기만을 위한 사람들을 도와줘야 할 이유가 없다고 생각하기 때문입니다. 따라서 삶의 목적을 세울 때는 주변 사람 또는 나와 내 가족을 넘어서는 범위의 목적을 생각하는 것이 좋습니다.

Q 저는 기술에 별로 관심이 없습니다. 이런 저는 시대에 맞지 않는 사람일까요?

A 대부분의 사람들은 제품이 주는 혜택에 관심이 많지, 어떤 기술로 만들어졌는지에 대해서는 관심이 적습니다. 따라서 기술에 관심이 별로 없다는 것에는 잘못이 없습니다. 하지만 지금부터 펼쳐지는 미래는 기술과 관련된 능력을 많이 가진 사람들이 더 많은 직업적 기회를 갖게 되는 시대가 될 것입니다. 그렇다고 해서 기술을 모르는 사람은 할 일이 없게 되는 것은 아닙니다. 사람이 살아가는 데

필요한 일들이 무엇인지 관심을 가지고 찾아낼 수 있어야 합니다. 사람들이 어떤 욕구를 만족시키기 위해 돈을 어떻게 소비하는지 관심을 가지고 관찰해야 합니다. 이와 관련된 지식은 전공 관계없이 '마케팅원론' 책만 읽어봐도 됩니다. 또 한가지는 어떤 '기술'들이 발전하고 있는지에 대해 알고 있는 것이 필요합니다. 기술에 대해 깊이 알아야 하는 것은 아닙니다. 기술이 인간의 소비생활에 어떻게 영향을 미칠 것인가를 예측할 수 있는 수준이면 됩니다. 새로운 기술을 이해해야 새로운 제품을 기획하거나 마케팅 기획 등에 참여할 수 있기 때문입니다. '전자신문'이나 '과학 잡지'를 정기적으로 구독하면 기술을 이해하는 데 큰 도움이 될 것입니다.

Q 젊은 나이에 진로 목표를 정한 사람이 부럽습니다. 나처럼 진로를 정하지 못하고 있는 사람은 어떻게 하는 것이 좋겠습니까? 진로 목표는 꼭 필요한 것입니까?

A 젊은 나이에 진로 목표를 정한 사람은 자신의 목표에 집중하기가 쉽고 달성 가능성이 높습니다. 그렇다고 목표를 정하지 못했다고 한탄할 일도 아닙니다. 인생은 그렇게 쉽게 한 순간에 결정되는 것은 아니기 때문입니다. 진로 목표는 좋아하는 일 속에서 찾기 바랍니다. 만약 좋아하는 일이 없다면 당장 할 수 있는 일을 하면서 찾길 권장합니다. 당장 할 수 있는 일이 없다며 돈을 받지 않고서라도 아무 일이나 시작해보기 바랍니다. 일을 하다보면 새로운 사람들을 만나고 새로운 경험을 쌓게 됩니다. 그러면서 자신이 좋아하는 것을 찾아낼 확률이 높아집니다. 공무원 시험이나 자격증 시험에 많은 시간을 투입해 온 사람들은 고개를 들고 사람들이 돈을 주고 사려고 하는 일이나 물건이 무엇인지 관찰해보기 바랍니다. 이런 말이 있습니다. '목표가 없는 사람은 목표가 있는 사람을

위해 일하고, 목표가 작은 사람은 목표가 큰 사람을 위해 일한다'
내가 원하는 삶을 살고 싶다면 진로 목표를 꼭 세워야 합니다.

Q 책에서 직업은 변하고 일은 변하지 않는 것이라고 했습니다. 그러면 내가
좋아하는 일은 어떻게 해야 발견할 수 있습니까?

A 좋아하는 일인지 아닌지는 일을 해봐야만 알 수 있습니다. 총 쏘
는 일을 좋아할 것이라고 생각만 해보는 것과 직접 쏘아 보는 것
은 전혀 다른 것입니다. 일은 동사로 표현할 수 있는 행위입니다.
총을 쏜다, 서류를 작성한다, 강의를 한다, 운전을 한다, 여행을 다
닌다, 가르친다, 상담을 한다, 요리를 한다, 서빙을 한다, 바느질을
한다, 염색을 한다, 머리카락을 자른다, 설명을 한다, 기획서를 만
든다, 물건을 만든다, 배달을 한다, 그림을 그린다, 연주를 한다.
이러한 것들이 모두 일입니다. 여러분은 지금까지 다양한 경험들
을 해 왔을 것입니다. 좋아하는 일을 알아내려면 어렸을 때의 기
억을 포함하여 지금까지 해본 일(놀이나 공부를 포함) 중에서 재
미있었던 일들을 문장으로 적어보면 됩니다. 문장의 수가 일정한
수준을 넘으면 일정한 문장들이 반복되고 있다는 것을 알게 될 것
입니다. 비슷한 일들인데 표현을 달리 하면서 적고 있다는 것도
알게 될 것입니다. 반복되는 문장들이 여러분이 좋아하는 일입니
다. 일들이 여러 개 모여야 직업의 완성도가 높아집니다. 상담을
한다, 진찰을 한다, 기구를 다룬다, 병에 대해 공부한다, 인체에 대
해 공부한다. 지금 열거한 일들을 조합하면 의사라는 직업이 될
수 있습니다. 만약 인체 대신 동물을 좋아하면 수의사라는 직업이
될 수 있습니다. 여러분이 좋아하는 여러 가지 일들을 조합해서
미래 시장에서도 가치를 인정받을 가능성이 높은 직업을 선택하
거나 만들기 바랍니다.

Q 직업세계를 알기 위해 회사 방문도 해보고, 직업인 초청 강의도 들어보고, 영화도 보고, 책도 읽어보고, 직업사전도 찾아보았지만 아직도 직업세계 전체를 이해하지는 못하겠습니다. 쉬운 방법이 있습니까?

A 직업세계를 이해하려면 가장 먼저 인간의 기본 니즈가 무엇인지를 이해해야 합니다. 직업은 인간의 니즈를 만족시킬 수 있는 재화나 서비스를 제공하는 일들의 결합이기 때문입니다. 영리를 추구하기 위해 이러한 직업들이 모이면 회사라고 부르는 조직이 만들어집니다. 회사는 업무를 효율적으로 달성하기 위해 직무를 만들고, 직무를 수행할 수 있는 능력을 갖춘 사람을 직원으로 고용합니다. 대학에서 가르치는 많은 전공들은 영리조직이나 비영리조직이 요구하는 직무를 수행할 수 있는 능력을 키우는 데 도움이됩니다. 하지만 대학에서 가르치는 전공 중에는 조직에서 필요로하지 않는 것도 있다는 것을 알아야 합니다. 이러한 관계들을 이해할 수 있는 가장 간단한 방법은 다음과 같은 질문들에 답을 달아보면 됩니다.

· 사람들이 살아가면서 필요로 하는 것은 무엇인가?
· 사람들이 필요로 하는 것을 제공할 수 있는 재화나 서비스를 제공하는 사람들을 무엇이라고 부르는가?
· 그 사람들이 하는 일들은 무엇이 있는가?
· 그러한 일들을 하기 위해서는 무엇을 배워야 하는가?
· 그러한 것들을 배우기 위해서는 어떤 교육을 이수해야 하는가?
· 나는 그러한 일을 하는 것을 좋아하는가?

이러한 질문과 답변이 어렵다면『체험형 진로탐색 프로그램 워크체인』을 읽어보기 바랍니다.

기업에서는
어떤 인재를
원할까?

기업 입장에서 보는
예쁜 신입사원의 모습

유능함과 부지런함은 어떻게 통할까?

오른쪽 그림을 보자! 가로축과 세로축의 '부지런함과 유능함'을 통해 기업에서 필요로 하는 인재를 보고자 한다. 신입사원 입장에서 어떠한 상사를 만나고 싶은가? 〈그림 1. 참고〉 ①번 유형의 '부지런하고 유능한 관리자?' 아마 이러한 관리자를 만난다면 신입사원인 여러분은 무척이나 피곤한 하루를 보내게 될 것이다. 만나야 할 가장 이상적인 관리자 유형은 바로 ②번 유형의 관리자이다.

그렇다면 반대로 관리자 입장에서 가장 만나기 싫은 부하직원은 어떠한 유형일까? ③번 유형의 부하직원? 이 유형의 부하직원은 본인 능력에 맞는 일만 잘 부여해주면 나름대로의 임무 수행은 가능한 부하직원이 된다. 가장 관리하기 힘든 부하직원의 유형은 바로 ④번 유형의 부하직원이다. 유능하지도 않은데 부지런하기만 한 부하직원은 사고치기 딱 좋은 유형이기 때문이다.

이처럼 기업에서는 입장에 따라 직원의 역할에 따른 필요성이 다 다르

다는 것을 잘 알아야 할 것이다. 그렇다면, 기업 입장에서 사랑받을 수 있는 직원은 과연 어떠한 직원일까?

나는 조직에서 '막내'라는 점을 잊지 말자!

여러분이 첫 사회생활을 시작하게 되는 업종은 다양할 것이다. 자동차 회사, 전자회사, 식품회사, 의류회사, 유통회사, 제약회사 등등. 그러나 어떠한 업종에서, 어떠한 일을 하게 되더라도 여러분의 대부분은 최말단 조직단위에서 조직의 막내로 일을 시작하게 될 것이다. (단, 이공계 전공 학생으로서 제조현장에 배치될 경우는 예외로 하겠다. 현장근로자를 관리해야 하는 초급관리자로서의 역할이 추가되기 때문이다.)

저자가 현직에 있을 당시, 하계방학을 이용하여 2개월간의 인턴을 시작하는 A인턴 남자사원이 있었다. 96제(9시 출근, 6시 퇴근)를 시행하던 당시, A인턴사원은 본인의 책상과 함께 주변 책상도 정리하고, 본인 PC를 켜고 오늘 해야 하는 업무를 다이어리에 정리하는 모습을 항상 볼 수 있었다. 그는 늘 "팀장님, 좋은 아침입니다! 커피 한 잔 드시겠습니까?"라고 인사하며, 탕비실에서 커피 한 잔을 준비해주고는 하였다. 그리고 인턴기간 일주일이 지나고 나서인가, 머그컵 밑바닥을 우연히 보게 되었는데(참고로, 당시 회사에서는 종이컵을 사용하지 않고 개인 머그컵을 사용하고 있었다) 개인 이름이 일일이 써 있는 스티커를 발견하게 되었다. 누가 그러한 행동을 했는지 알아보니 A인턴사원이 "비슷한 머그컵이 많아서 사용할 때마다 본인 컵을 찾는데 불편해 하시는 것 같아서 그렇게 했다"는 이야기를 듣고 참 많은 생각을 하게 되었다. 우리는 A인턴사원을 보면서 몇 가지의 모습을 눈여겨보아야 할 것이다.

첫째는, 본인의 작은 센스가 조직을 밝게 만들어준다는 것이다. 조금만 더 솔선수범하는 모습을 보여주자. '낮말은 새가 듣고, 밤말은 쥐가 듣는다'고 하지 않던가! 여러분이 하는 행동 하나하나를 누군가가 지켜보고 있을지도 모른다.

둘째는, 96제라는 것이 9시까지 출근하라는 의미가 아니고 9시부터 본격적으로 일과를 시작하라는 뜻이다. 많은 학교에 강의를 다니다 보면 강의 시간에 맞추어 헐레벌떡 들어오는 학생을 볼 때마다 '저 학생은 입사해서도 저 습관을 버리지 못할 텐데……'라는 생각을 지울 수가 없다.

자신의 의견을 제시할 줄 아는 신입사원이 되자!

A인턴사원에게 복사를 시키다 보면 간혹 이상한 행동을 하는 것을 보고는 하였다. 복사 요청을 받은 A인턴사원의 복사를 한 후의 행동을 유심히 관찰해보니, 복사를 1부 더해서는 본인이 자료를 열심히 공부하고, 모르는 내용은 옆에 있는 선배에게 질문도 해가며 내용을 숙지하고 있는 것이었다. 그 후 2개월간의 인턴이 끝나고 인턴생활 동안의 인턴 실습일지와 함께 별도의 자료 1부를 더 제출하는 것이었다.

"이것이 무엇이냐?"고 물으니 "그동안 선배님들이 '자료 복사를 하라!'고 하면, 제가 평소에 관심 있어 했던 내용에 대해서 회사에 말씀드리고 싶었던 '본인의 의견(기획서)'"이라는 것이었다. 저자는 A인턴사원의 그

말을 듣고 그의 또 다른 모습을 보게 되었다. 그 후 A인턴사원은 어떻게 되었을까? 정기공채에 지원하여 당시 저자가 근무했던 인력개발팀의 교육담당으로 당당히 합격하여 지금도 열심히 근무하고 있다.

조직에서 근무하다 보면 "팀장님! 지금 이러한 문제가 생겼는데 어떻게 하면 좋을까요?" 하고 물어보는 부하직원이 간혹 있다. 그때마다, 속으로는 이러한 생각을 참 많이 하게 된다. '네가 조직장이라면 어떻게 하겠니?' 조직장에게 모든 것을 물어보기 전에 본인의 생각과 의견을 정리해서 본인의 의견을 개진할 줄 아는 신입사원이 되어 보자!

우선은 'Yes'라고 말하자!

직장생활을 하다 보면 분명히 본인이 잘못한 일이 아닌데도 단체로 혼나는 일이 종종 있다. 참 억울하다! 변명도 하고 싶고, 내가 혼나야만 하는 이유를 알고 싶을 때도 참 많을 것이다. 첫 사회생활을 하는 신입사원에게 꼭 하고 싶은 말이 있다. 'Yes, I See!(예, 알겠습니다!), Yes, I Do!(예, 제가 한번 해보겠습니다), Yes, I Can!(예, 할 수 있습니다!)'

회사 다닐 때 부하직원이 보고서를 가져와서 결재를 요청한 적이 있었는데 몇 군데 잘못된 부분이 있어서 수정해서 다시 가져오라고 하였다. 그러자 본인이 작성한 자료의 내용에는 전혀 이상이 없다고 주장하며 몇십 분을 실랑이하게 되었다. 당시 너무 감정이 격앙되어서 소리치고, 화를 내며 돌려보냈는데 좀 지나고 나니 너무 과했다는 기분이 들어 후회하고 있던 참이었다.

만약 여러분이 이러한 상황에 처한다면 우선은 그 상황을 벗어나는 것이 급선무다. 조직장도 인간이다 보니 담당자 본인이 그 상황을 참지 못하고 본인 주장만을 계속한다면 조직장의 화를 더욱 돋우는 상황이 될 수 있기 때문이다. 'Yes, I See!(예, 알겠습니다!)' 하고 우선은 물러나자. 그러고 나서 반나절 혹은 그 다음날 다시 찾아와 지난 보고서 건에 대해 '선

(先)은 이렇고 후(後)는 이렇다'라고 다시 얘기해보자. 조직장도 시간이 조금 지나고 나면 일에 대한 잘잘못에 대해 이성적인 판단을 하기 때문이다. 'Yes, I See!, Yes, I Do!, Yes, I Can!'

신입사원 때는 'No'보다는 'Yes'라는 말을 많이 하자!

기업에서 인정받는 인재들의 공통점

엄마가 좋니? 아빠가 좋니?

어린 아이들이 흔히 받는 질문 중에 "엄마가 좋니? 아빠가 좋니?"라는 것이 있다. 아이들 입장에서 "저는 엄마요", "아빠요"라고 대답하는 경우도 있지만 어떤 아이들은 부모님 뒤로 숨으면서 대답을 하지 못하는 모습을 보게 된다. 기업 면접에서도 마찬가지다. "업무를 수행할 때 속도와 정확도에서 무엇이 중요한가?"라는 질문을 하는 경우가 있다. 이러한 질문에 면접자는 뭐라고 대답을 해야 할까? 만약에 "둘 다 중요합니다"라는 대답을 한다면 면접관의 질문 의도를 제대로 파악하고 대답한 것일까? 그렇지 않다. 이렇게 대답하면 면접관은 아마도 "알겠는데, 둘 중의 하나를 골라야 한다면 무엇이냐?"라고 다시 질문을 할 것이다.

나보다 우리가 중요하다는 것을 실천하려는 자세

20년 이상의 기업체 인사직무를 수행한 경험으로 볼 때 기업에서 인정받는 인재들의 공통점 중 첫 번째는 스피드다. 무한경쟁의 시대에 살고 있는 우리에게 기업의 경쟁력을 높이기 위해서는 속도가 생명이기 때문이다. 그렇다고 무조건 빠르게 하는 것이 능사가 아니라 각 업무별로 정해져 있는 납기보다 좀 더 빨리 업무를 처리하고자 하는 자세가 중요하다는 것이다. 조직은 살아 있는 생명체에 비유되곤 한다. 이는 조직의 목표를 달성하기 위해 각양각색의 문제를 해결함에 있어 혼자서 업무를 수행하는 것이 아니라 부서 내(or 부서 간) 동료들과 협업을 해야 한다. 내가 수행해야 하는 고유한 업무 외에 부서 내 동료나 다른 부서원들이 요청하는 업무를 처리해줘야 하는 경우가 빈번하게 발생한다. 이럴 때 내가 해야 할 고유의 업무보다 타인의 요청 업무를 먼저 처리해주는 센스가 필요한 것이다.

내 머릿속의 스케줄러

기업에서 인정받는 인재들의 두 번째 공통점은 다양한 업무를 동시에 진행할 수 있는 멀티태스킹역량이다. 취업준비생들은 학교 수업을 수강하면서 각종 보고서(레포트)를 작성하여 제출할 것이다. 이러한 일종의 숙제(과제)는 비단 학교에만 국한된 것이 아니라 직장에도 동일하게 적용된다. 매일 아침 출근하면 오늘 오전에 해야 할 일, 오늘 퇴근 전에 해야 할 일, 이번 주에 마무리해야 할 일, 이번 달에 수행해야 할 일 등 다양한 숙제를 쌓아놓고 하나하나 풀어가야 한다. 그렇다면 이러한 상황에서 무엇부터 업무를 처리해야 할까?

단순히 급히 처리해야 할 일부터 시작하는 것이 아니다. 긴급한 업무와 중요한 업무를 매트릭스로 구분하여 중요하고 긴급한 업무부터 처리해야 한다. 또한 잊지 말아야 할 것은 조직은 내가 계획한 업무만을 처리하도록 가만 놔두지 않는다는 것이다. 하루에도 수많은 수명 업무를 팀장(or 선배)로부터 지시받게 되며 이러한 수명 업무들은 기존에 해야 할 업무 못지않게 중요하고 긴급한 업무들이다. 기존에 수행해야 할 업무들과 새로 수명받은 업무들을 다시 정리한 후 업무 우선순위를 결정하는 것이 중요하다. 그런데 많은 취업준비생들에게 자신의 강점을 애기하라고 하면 "하나의 업무에 집중하는 것"이라고 답을 하는 경우가 많다. 이렇게 대답하는 것은 실제 조직의 업무가 어떻게 진행되는지 모르고 던지는 단순한 말에 지나지 않는다. 조직에서 서로 지나가며 마주칠 때 건네는 인사 중의 하나가 "요즘 바쁘시죠?" 하는 말이다. 또한 메일로 업무 요청을 할 때도 "바쁘실텐데……"라며 말을 건넨다. 기업에서 정말로 유능한 인재는 해야 할 일이 많아도 바빠 보이지 않는 인재가 아닐까 싶다. 그만큼 본인이 해야 할 업무의 우선순위가 머릿속에 명확히 그려져 있기 때문이다.

숙련가보다는 전문가가 되자

마지막으로 기업에서 인정받는 인재들의 공통점은 현재에 안주하지 않고 끊임없이 스스로를 채찍질하는 자기개발역량을 갖춘 사람이다. 많은 직장인들이 기업의 발전 속도를 따라가지 못하고 도태하는 경우는 동서양을 막론하고 기업의 규모에 상관없이 빈번히 발생한다.

왜 이러한 현상이 발생할까? 한 가지로 이유를 애기할 수 없지만, 자기개발이 부족하기 때문이다. 신입사원으로 입사하여 10시간 걸려서 하던 업무를 대리, 과장이 되어서는 2시간이면 하게 된다. 이럴 때 직원들은 본인이 전문가가 되었다고 생각하고 현실에 안주하게 되는 경향이 매우 높다. 그렇다면 이 사람은 전문가인가? 전문가보다는 숙련가에 가깝다. 즉, 다년간 업무를 수행함에 따라 해당 업무를 보다 빨리 처리하는 것뿐이다.

따라서 기존에 수행하던 업무의 습관적인 행태를 항상 되돌아보고 개선하고 혁신해야 하며, 보다 더 난이도가 높은 업무에 도전하려는 진취적인 자세를 견지해야 한다. 이를 위해서는 본인의 업무전문성을 향상시키기 위한 신지식과 신기술 습득에 최선의 노력을 기울여야 한다. 기업에서 시키는 교육 외에도 스스로 외부 교육을 수강하여 교육에서 얻은 지식과 기술을 기업의 업무에 적용해야 한다.

　앞에서 얘기한 3가지의 공통점은 하루아침에 이루어지는 것은 아니며 평소의 습관에 의해 영향받는 경향이 높다. 다만, 취업준비생들이 자기소개서와 면접에서 이러한 면을 부각할 수 있다면 상대적으로 차별화 된 본인만의 강점을 어필할 수 있을 것이다.

왜 기업분석을
자꾸만 하라고 하는가?

지원기업을 잘 알아야만 하는 이유

취업은 연애와 같다. 만약 이성친구가 있다면 나의 남자(여자)친구에 대해 질문 하나만 해보자! '그 친구가 왜 좋은가?' 분명 그 친구가 좋은 나름의 이유가 있을 것이다. 그리고 상대방에게 호감을 얻기 위해 '그가 어떤 음식을 좋아하는지!', '향수는 무엇을 쓰는지!', '성격은 어떤지!' 등의 많은 것을 알고자 노력할 것이다.

여러분은 입사하고자 하는 A기업에 대해 얼마나 알고 있는가? '대표자 성함, 설립일, 전년도 매출과 이익, 종업원 수, 제품이 생산되고 있는 공장은 어디에 있는지' 등의 기본적인 경영현황은 알고 있는가? 좀 더 구체적으로 들어가서 '지원회사 제품의 특징이 경쟁기업 제품에 비해 어떠한 우월점이 있고 보완해야 할 점은 무엇인지' 등의 사업현황까지도 해박한 지식과 전문성을 갖추고 있는가! 이러한 지원기업의 기본정보를 잘 알고 있는 취업준비생이 이를 서류와 면접에 잘 반영할 수만 있다면 어떤 기업에서 이 지원자를 싫다고 하겠는가? 그래서 저자는 취업을 위한 2가지 조건

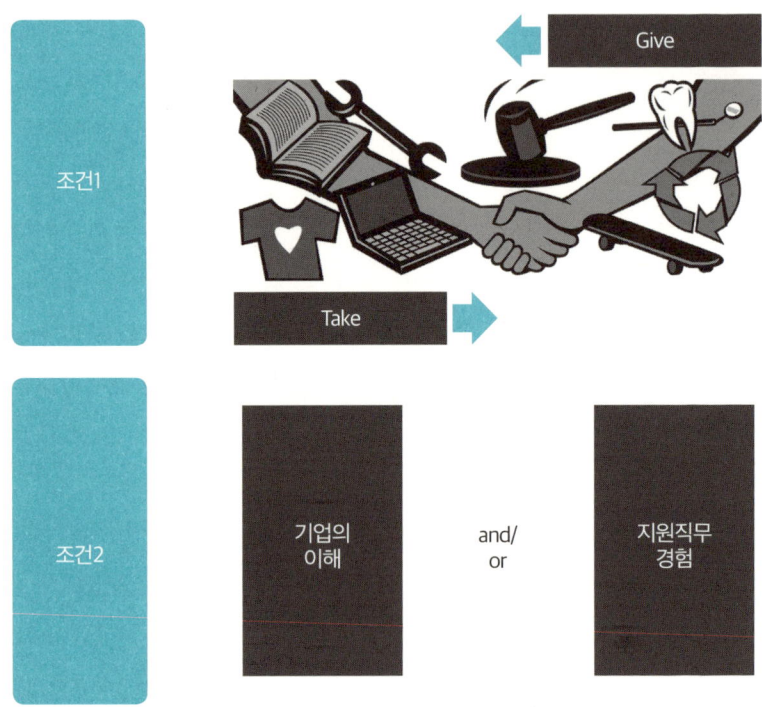

을 제안한다. 〈그림 2. 참고〉

첫째는, 기업으로부터 뭔가를 얻으려(take) 하지 말고 뭔가를 주려는 (give) 노력을 해야 한다는 점이다. 기업은 여러분에게 연봉을 지급하는 대신 지원직무를 통해서 기업에 역할을 통한 기여를 원하고 있다.

둘째는, 기업을 제대로 이해하고 지원직무에 대한 충분한 경험이 있다면 더할 나위 없지만, 미천한 경험밖에 없다면 '지원기업을 집중 공략하라'는 점이다.

4학년 2학기 때 취업캠프를 진행하면서 이러한 이야기를 자주 듣게 된다. "선생님! 제가 ○○전공을 했는데, 앞으로 무슨 일을 해야 할지 모르

겠습니다. 경험도 없구요! 졸업유예를 해서라도 관련 경험을 쌓아야 할까요?" 그럴 때마다 저자는 "관련 경험이 미천하다면 졸업유예보다는 지원기업에 대해 집중 공략을 하라!"고 강력하게 권유한다.

기업분석, 이것만은 놓치지 말자

대부분의 기업 자기소개서 항목을 보면 '지원동기와 입사 후 포부'에 대해서 쓰라는 항목이 나온다. 이 항목은 본인의 경험을 토대로 자기소개서 항목에 잘 반영해야 한다. 다만 지원기업에 대한 철저한 기업분석을 통한 나의 역할과 기여하고자 하는 점을 명확히 표현하지 못하면 설득력 있는 논리 전개가 어렵다. 그렇기 때문에 저자는 무엇보다 지원기업에 대한 기업분석을 먼저 해보라고 강조한다. 〈그림 3. 참고〉 지금까지 많은 학생들을 지도한 경험을 토대로 4개 축의 기업분석에 대한 구성 내용을 제시한다. 〈그림 4. 참고〉

Part 1 (채용전형 정보) : 지원회사에 대한 채용 절차를 제대로 이해할 필

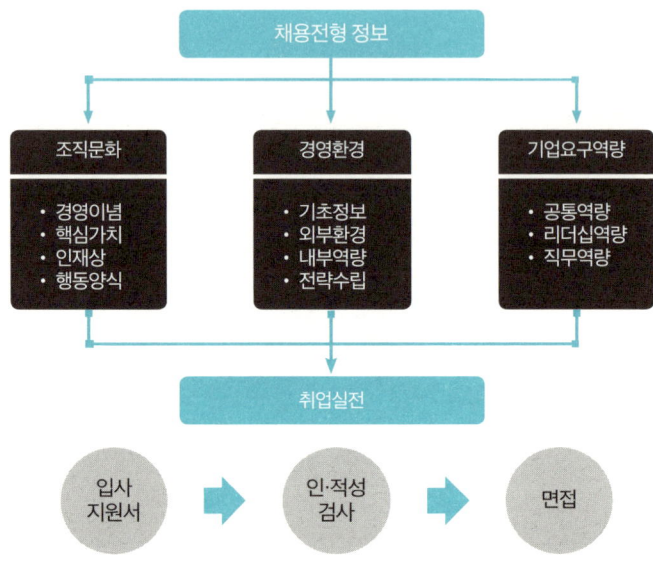

요가 있다. 기본적인 채용공고부터 시작해서 인·적성검사 분위기, 면접 단계별 면접유형과 면접별 기출질문 등을 조사한다. 다대다 면접인지, 일대다 면접인지에 따라 본인의 면접 전략도 달라야 할 뿐만 아니라 과거의 기출질문을 조사해야 하는 이유 또한 필요하다. 만약 A면접관이 금년 하반기에 면접관으로 참여했다면 다음 면접 시에도 큰 이변이 없는 한 A면접관은 면접에 참여할 것이다. 면접관마다의 스타일이 있기 때문에 면접에 대응하는데 도움이 될 것이다. 단, 기출질문은 준비하되 답변은 본인을 잘 표현할 수 있도록 본인만의 답변을 준비해야 한다.

Part 2 (조직문화) : 기업 인재상을 포함한 조직문화를 왜 알아야만 하는 것일까? 서류전형 합격이 되고 나면 인·적성검사에 응시해야 하는데 인·적성검사 중 특히, 인성검사에서 좋은 결과를 얻기 위해서는 경영이념, 비전, 핵심가치, 인재상 등 조직문화와 관련된 내용을 제대로 알아야 하

기 때문이다. ('3장. 나의 취업과 기업 인재상과의 상관관계는?' 참고)

Part 3 (경영환경) : 기업 내·외부적인 환경을 알아보기 위해 기초 정보수집 외에, 외부환경분석 및 내부역량분석을 토대로 전략 수립을 할 필요가 있다. 지원기업이 처해 있는 기업 내·외부 환경에 대한 정확한 정보 수집을 통해 지원회사에 대해 깊은 이해를 하고 있다면 지원자의 명확한 역할과 기여를 제시할 수 있기 때문이다.

Part 4 (기업 요구역량) : 대부분의 기업은 역량기반의 인사와 육성을 기본으로 하고 있다. 기업에서 요구하고 있는 공통역량, 리더십역량, 직무역량을 이해함으로써 그에 맞는 자신의 역량을 잘 반영해낼 수 있어야 한다. 특히, 기업의 직무역량은 입사서류와 면접에 본인 역량을 잘 드러내기 위한 필수역량이기 때문에 무엇보다도 중요하다.

여기서 기업분석을 위한 중요한 포인트가 하나 있다. 기업분석을 단순히 4개 축에 맞춰 준비하는 것이 아니라 '지원기업의 지원직무 관점에서의 이슈와 나의 역할을 통한 기여' 측면에서 기업을 이해하여 이를 조사하고 준비해야 한다는 점이다. 단순한 기업에 대한 정보 파악은 취업을 위해 아무런 도움이 되지 못하는 것이기 때문에 '나의 지원직무 관점에서의 역할과 기여'를 염두에 둔 기업분석이 절대적으로 필요하다.

취업코칭 1 : 취업목표는 있으나 방법을 모르는 취업준비생

나만의 취업 준비를 위한 10개 기업을 전략적으로 선정하라

취업의 목표가 정해진 취업준비생이라면 우선 자신의 미래에 대한 큰 그림인 숲을 그려보아야 한다. 이에 맞는 자신의 나무 하나하나를 전략적으로 심어 나간다면 여러분의 취업도 그리 멀게만 있는 것은 절대 아닐 것이다. 전국의 대학생들을 만나면서 이야기해주고 있는 오른쪽의 그림을 참고하여 취업에 도움이 되기를 바란다.

강조하고자 하는 점은 여타 대학생들이 취업 준비하는 식의 '묻지마 지원'이 아닌 나만의 취업 준비를 위한 '10개 기업의 전략적 선정과 이에 대한 철저한 기업분석 및 관련 경험'을 준비한다면 여러분의 취업은 틀림없이 보장받을 수 있을 것이라는 점이다.

대학 4학년 동안의 1년 취업 로드맵을 준비하라

본인만의 좀 더 전략적이고 전술적인 능력을 발휘해서 '취업의 문'을 두드리기 위해 다음의 몇 가지 사항을 제안한다. 〈그림 5 참고〉 (오른쪽 상

● 그림 5. 대학 4학년 - 1년 간 나의 Road-Map

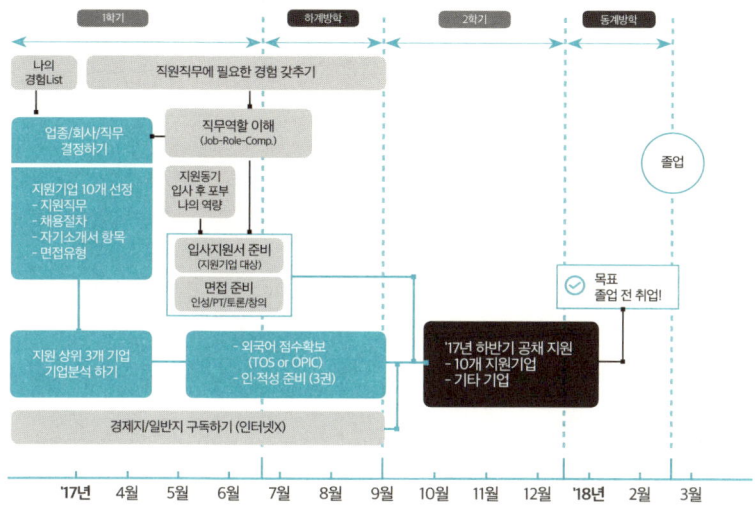

단 그림은 2017년에 4학년이 되는 학생을 대상으로 교과목 진행 시 '하반기 취업을 위해 이렇게 준비해라'라는 강의용 자료의 일부임을 미리 밝혀둔다.)

첫째, 지금까지의 '나의 경험 List'를 만들어보자. 취업을 위한 입사서류와 면접에서는 여러분의 경험을 통해 본인이 그러함을 증명해보여야 한다. 지금까지의 나의 경험을 DB로 준비하여 채용에 대비하자. (표 1. 나의 경험 List 작성사례 참고)

둘째, 채용 전까지 자신이 정한 '지원 업종과 직무에 맞는 경험 갖추기' 활동을 부단히 하도록 하자. 그래야만 지원하고자 하는 업종(회사)과 직무에 걸맞는 나의 경험을 자기소개서와 면접 시 잘 반영함으로써 최근까지도 취업을 위한 전략적인 준비를 하고 있었음을 증명해 보일 수 있을 것이다.

			나의 경험 List				
순번	구분	연관 산업	활동명(회사명이나 단체명)	기간(xx년 xx월)	활동 이유	활동 내용	활동 결과(구체적·수치적 결과)
1	아르바이트	유통	지하상가 핸드폰 판매	2010년 1월~2011년 2월 (총 13개월)	세일즈 영업역량 강화	1. 신규고객 유치 2. 양정리효과 재방문 유도	1. 수도권 대리점 매출 1위 (달성월 150대 판매) 2. 이달의 우수직원 4개월 연속 선발
2	학생회		중어중문과 부과대표	2014년 1월~2015년 12월 (총 22개월)	이벤트 기획역량 강화	1. 과방 리모델링(디자인) 이벤트 개최 2. 종합인의 밤 등 각종 이벤트 기획	1. 40건(명)의 리모델링 디자인 공모 참여 2. 80명 행사 참여관리 유치
3	아르바이트	유통	GS왓슨스 뷰티코스메틱 판매	2014년 6월~2014년 9월 (4개월)	세일즈 영업역량 강화	1. 점포 내 환경 및 재고관리 2. 뷰티고객 맞춤형 서비스	1. 그달의 우수한 서비스제공 사원 2위
4	아르바이트	유통	(주)스와이드 스페이스 수입신품 판매	2015년 4월~2015년 8월 (5개월)	세일즈 영업역량 강화	1. 점포 내 환경조성 및 매대관리 2. 시식행사 이벤트 기획 및 주관	1. 기획상 시식행사 유치 당일 500대량 이상 고객 유치
5	대외활동	(제조)	SK SUNNY 행복한 시간강 노인대상 모바일기기 사용보조	2015년 9월~2015년 12월 (4개월)	홍보 영업역량 강화	1. 노인 맞춤형 애플 출석 및 기기보조 2. 모바일 시각을 위한 오프라인 이벤트 주관	1. 프로그램 대상자(노인) 총석율 90퍼센트 이상 달성 2. SK SUNNY 성과발표 우수상 수상
6	대외활동		대외활동스 대학생 브랜드매니저	2015년 11월~2015년 12월 (2개월)	마케팅 기획역량 강화	1. 수요 포럼사이트 카페/블로그 포스팅 2. 페이스북 포스팅 3. 오프라인 이벤트 기획 및 설문조사 시행	1. 최우수팀 개인 MVP수상 2. 총 게시글수 168회 모집 3. 판넬자수 50명 모집
7	뷰티/패션	(제조)	대외활동스 이미지&스파치 러벨엄	2015년 12월~2016년 2월 (3개월), 2016년 5월~2016년 7월 (3개월)	기획, HR역량 강화	1. 개별 이미지/신상담 체인지 기획 및 컨설팅 2. 1:1 치유형 개선 프로그램 기획 3. PRC팀의 이벤트 기획 및 진행	1. 최단 강의로 100명의 상상 컬러컨설팅 외부강사 무료 초청 유치 2. 200명의 대학생과 10만원으로 대관하여 희대출장 진행 종료 3. 200대명 참여만족도 및 변화도 목표치 75% 도달(목표치 55 퍼센트보다 약 20% 신장)
8	대외활동	(제조)	불스원 기업(제품) 서포터즈 및 컨텐츠 제작	2016년 2월~2016년 7월 (6개월)	마케팅역량 강화	1. 홍보(광고) 콘티 제작 및 발표 2. 제품 블로그 포스팅 3. 오프라인 제품서비 소비 시장조사	1. 블로그 1페이지 노출 4건 2. 이마트, 홈플러스 등의 유통매장 오프라인 현장조사 진행 3. 제품 홍보 콘티 전체 팀 중 2등 수상 4. 개별제품 마케팅 전략 제안 발표회서 1등 수상
9	대외활동	문화	대외활동스 문화기획전 웹툰전시회 유치	2016년 3월~2016년 5월 (3개월)	기획, 마케팅, HR역량 강화	1. 전시 컨텐츠 기획 2. 전시 프로모션 기획 및 진행	1. 한국웹툰협회 협찬부처사 진행 (진행) 20만원 안팎 2. 웹툰작가 33명 컨텐 후 작품전시 3. 전시회 관람객 514명 유치(6시간) 4. 당일 전시회 총괄 PM(200명의 다락생) 5. 인턴보도 5회
10	대외활동		대외활동스 공채	2016년 7월~2016년 8월 (1개월)	마케팅역량 강화	1. 신규 모집 포스터 기획 2. 온라인(홍보)페이스북, 카페, 블로그 진행(강화) 3. 담당 면접 준비	1. 총 지원자수 604명 모집 2. 프로젝트 지원자수 59명 모집 3. 온라인 커뮤 최고조회수 714 달성 4. 네이버 카페 최고댓글수 55개 달성
11	대외활동	유통	대외활동스 쇼핑몰하기획단 페이스북 페이지 안심쇼핑 관리 및 홍보	2016년 6월~2016년 11월 (5개월)	온라인 마케팅역량 강화	1. 페이스북 페이지 안심쇼핑 관리 2. 관련 컨텐츠 기획 및 제작 진행 3. 오프오라인 이벤트 개최 및 진행	1. 27개월(6월~8월)여만에 2천대 초반 팔로워이 ⇒ 7천대 팔로워 가 진 페이지로 성장 2. 도달수 2건, 좋아요 및 공유 150개 이상 컨텐츠 제작 3. 200대명이 사람들과 함께 온라인 프로모션 및 지인모으로 선 이벤트 개최하여 총 3천개월의 페이지에 좋아요 확보 4. 일주지 4개월 페이지 안심하기 6개월만에 페이지의 순수 좋아 가

● 그림 6. 서류전형 '4대 스펙'별 선호도

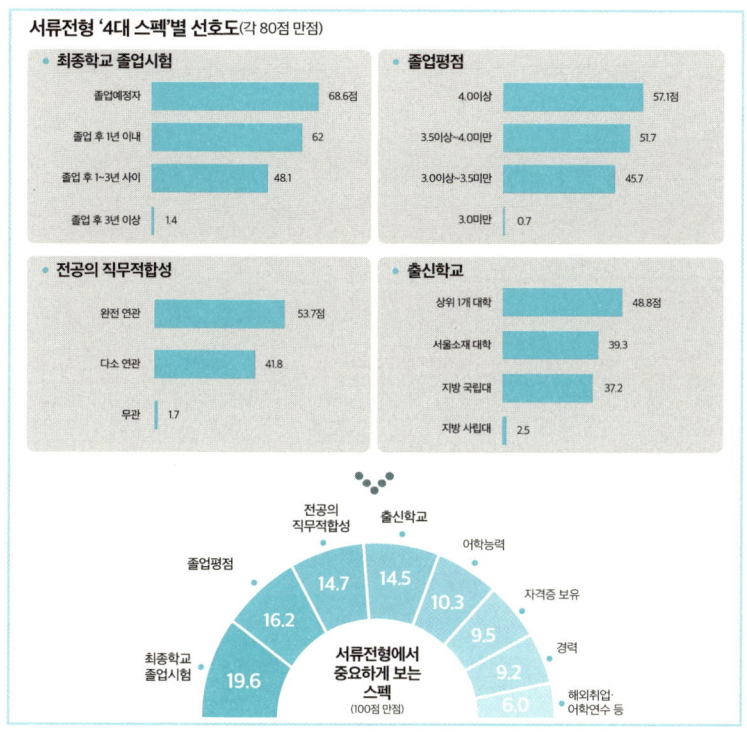

서류전형 '4대 스펙'별 선호도 (각 80점 만점)

최종학교 졸업시험
- 졸업예정자 68.6점
- 졸업 후 1년 이내 62
- 졸업 후 1~3년 사이 48.1
- 졸업 후 3년 이상 1.4

졸업평점
- 4.0이상 57.1점
- 3.50이상~4.0미만 51.7
- 3.00이상~3.5미만 45.7
- 3.00미만 0.7

전공의 직무적합성
- 완전 연관 53.7점
- 다소 연관 41.8
- 무관 1.7

출신학교
- 상위 1개 대학 48.8점
- 서울소재 대학 39.3
- 지방 국립대 37.2
- 지방 사립대 2.5

서류전형에서 중요하게 보는 스펙 (100점 만점)
- 최종학교 졸업시험 19.6
- 졸업평점 16.2
- 전공의 직무적합성 14.7
- 출신학교 14.5
- 어학능력 10.3
- 자격증 보유 9.5
- 경력 9.2
- 해외취업·어학연수 등 6.0

한국직업능력개발원이 '매출액 500대 대기업'의 인사담당자 100명을 조사한 결과

셋째, 지원하고자 하는 직무에 대한 역할(Role)과 역량(Competency)을 명확히 이해하자. '나의 지원기업 1~10순위를 선정'한 후 각 지원회사마다 지원직무, 채용절차, 자기소개서 항목, 면접유형을 미리 파악해 놓자! 그리고 채용공고 전까지 10개 지원기업의 자기소개서 항목에 나의 이야기를 미리 준비해 놓도록 하자.

넷째, 지원기업 '1순위에 대한 기업분석'을 철저히 하자. (2장. '왜 기업분석을 자꾸만 하라고 하는가?' 참고) 1개 기업에 대한 기업분석을 하다보면, 나머지 기업에 대해서도 어떻게 접근해야 할지 자연스럽게 이해하게 될 것이다.

다섯째, 지원하고자 하는 기업 전형절차상에 '인·적성검사'가 있다면 시중에 나와 있는 인·적성검사 서적을 구입하여 최소한 2~3권의 관련 서적을 소화해서 인·적성검사에 대비하자. 인·적성검사도 벼락치기해서는 안 된다. 시간을 내어서 틈틈이 준비하는 습관을 들이도록 하자. 그리고 TOS나 OpiC에 대한 기본적인 '외국어 점수 확보'는 해 놓도록 하자. 아직까지도 토익점수(필기)를 확보한 후에 TOS나 OpiC(회화)을 준비하려는 취업준비생들이 많다. 회화 점수 하나만 준비해도 충분하다.

여섯째, 지원기업의 면접에 대비하여 사전에 '면접유형별 면접 준비'를 해놓자. '면접 준비는 서류 합격한 후에 준비해도 된다'라고 생각하는 취업준비생이 있다면 이는 큰 오산이다. 서류 합격 후에 준비하려고 한다면 마음이 급해진다. 지원기업의 면접 유형을 사전에 파악해서 그에 맞는 면접유형에 미리 대비해 놓기를 바란다.

마지막으로, 인·적성검사에 대비하여 경제지와 일반지 신문을 구독하며 정기적으로 최근에 일어나고 있는 시사점을 알고 있도록 하자. 단, 절대로 인터넷으로 기사 내용을 접하려 하지는 말 것. 왜냐하면 인터넷을 활용하다 보면 본인이 보고 싶은 것만 보려고 하기 때문에 숲을 볼 줄 아는 시야를 가질 수 없게 되기 때문이다.

이상의 7가지 사항을, 내가 지원하고자 하는 회사의 채용공고가 있기 전까지 반드시 준비하도록 하자! 졸업유예나 5학년을 할 생각은 꿈꾸지도 마라. 최근에 이러한 신문기사 내용이 있었다. '대학졸업 3년 지나면… 입사서류 통과 확률 10% 안 돼.' 회사에서는 신입사원을 뽑고자 하는 나름대로의 기준이 있기 때문이다.

취업코칭 2 :
당장 졸업예정인 취업준비생

취업이 코앞인 졸업예정자의 선택은?

어떻게 되겠지 했던 4년이 금세 지나가고 사회에 나가야 하는 지금은 너무 두렵기만 하다. 조금이라도 시간을 벌어보기 위해 유예를 선택할 수도 있고, 갑작스레 어학연수를 고민할 수도 있다. 그리고 그렇게 싫어하던 전공을 대학원까지 하게 되는 기적 같은 일도 일어난다. 대학생이라면 누구나 겪게 되는 고민과 걱정에 너무 두려워하진 말자. 우리에겐 현실적인 고민이 필요하다. 현실을 직시하자. 잠시 피한다고 해서 지금의 문제가 해결되는 것은 아니다. 그럼 지금 우리가 할 수 있는 것이 무엇인가?

준비할 시간이 없다면, 활용할 수 있는 것을 찾자

지금 졸업예정자인 당신에게 가장 시급한 것은 정보다.

'채용 정보·기업 정보·구직 정보'라는 3가지 정보로 남은 시간을 활용해 보길 바란다.

1단계 채용 정보

목표를 명확하게 세워도 기업이 채용을 하지 않는다면 그것만큼 끔찍한 순간이 어디 있겠는가? 지푸라기라도 잡고 싶은 심정으로 진지하게 바라봐야 할 일은 채용 정보를 수집하는 것이다. 우리 주변에서 채용 정보를 찾을 수 있는 방법은 두 가지가 있다.

첫째, 최근 3년 내의 채용 정보를 활용하자. 얼마나 많은 구인활동을 하고 있는지? 그리고 언제 뽑는지 하나하나 놓치지 말고 볼 수 있어야 한다. 기업의 비즈니스 스케줄은 학교 스케줄처럼 그리 유동적이지 못하다. 큰 문제가 없는 한 공채는 기간과 규모 등이 비슷하게 이루어지는 경우가 많다. 언제까지 무엇을 준비해야 하는지 스스로의 일정을 짜기 위해서는 상대방의 정보를 먼저 찾는 것이 우선이다.

둘째, 경력직 공고를 놓치지 말자. 경력직 공고는 인력을 급히 필요로 하는 기업들이 당장의 채용을 위해 올리는 공고이다. 그 안에 들어 있는 정보가 무엇이겠는가? 실무에 당장 필요한 기준이다. 우리가 가장 궁금해하는 직무에 대한 정보와 역량에 대한 기준을 담고 있다는 이야기다. 무엇을 준비해야 할지 모호하거나 취업스펙만을 준비하다가 허무해지고 있다면, 항상 내가 실무자로서의 어떤 역량을 보여주어야 하는지 기준을 찾기 위해 고민하길 바란다. 경력직 채용 정보는 조급한 시기에 방향 설정을 하는 데 큰 도움이 될 수 있을 것이다.

2단계 기업 정보

기업을 알아야 하는 이유는 합격을 위해서만이 아닌, 인생을 결정하는 필수과정이어야 한다. 기업 정보 수집을 위해 사업보고서와 업계뉴스를 놓치지 말아야 한다.

첫째, 기업의 연간 사업보고서를 꼼꼼히 살펴보자. 기업은 M&A를 하기 위해 누구보다 꼼꼼히 상대 기업에 대한 정보와 시장상황을 분석한다. 취업은 나와 기업이 합병을 하는 과정이라고 생각하자. 따라서 기업을 꼼꼼히 분석하고 판단할 수 있어야 한다. 시간이 부족해도 Dart(dart.fss.or.kr : 최근 1년 정기사업보고서 검색-사업의 내용, 시장동향 등 참고) 보고서부터 기업분석에 관련한 내용은 놓치지 말자. 이를 통해 내가 꿈꾸고 있는 직장에서 내가 할 수 있는 일이 무엇일지, 나를 가장 필요로 하는 곳이 어디인지를 구체적으로 생각해볼 수 있을 것이다. 또한 현재의 사업영역과 투자현황들을 통해 미래에 내가 어떤 모습으로 성장하게 될지를 고민할 수 있을 것이다. 이 과정을 통해 본인의 역할을 찾고 무엇을 준비하고 어필해야 할지를 생각할 수 있을 것이다.

둘째, 업계뉴스를 놓치지 말자. 기업 정보라는 것은 지원하는 회사에 대한 정보만을 뜻하는 것이 아니다. 업계뉴스를 넓게 살펴봄으로써 기업의 가능성만이 아니라 본인이 가진 다양한 역량을 어떤 분야까지 활용할 수 있을지를 점검해볼 수 있을 것이다. 또한 왜 경쟁사가 아닌 우리 회사를 선택했는지에 대한 구체적인 기준을 생각해볼 수 있다. 가끔 구직자들은 '하고 싶은 일이 있다'는데, '구체적인 꿈'이 무엇인가를 물어보면 대답하지 못하는 경우를 보게 된다. 취업이라는 꿈만 꿀 뿐 그 이상의 목표를 가지기 위한 정보에 신경을 쓰지 않았다. 아무리 급한 시기라고 해도 '꿈이 없는 취업'으로 불행한 시작을 만들지 말자.

3단계 구직 정보

구직활동은 '나만의 고민'이라고 오해하지 않길 바란다. 타인들이 어떤 고민을 하고 취업 준비를 했는지에 대한 고민도 함께 공유할 수 있어야 한다. 지금도 생각보다 많은 후기들이 온라인에서 업로드되고 있다. 불안할 때마다 취업에 성공한 수많은 후기 또한 공유함으로써 현실적인 준비 방법과 조금의 위안을 찾을 수 있다. 가장 현실적인 정보를 찾는다면 취업을 준비했던 선배들의 이야기와 실무에서 일하고 있는 채용설명회를 활용하는 것이 좋다.

첫째, 후기를 활용하자. 수많은 취업 카페를 통해 정보를 공유하는 것이 중요하다. 같은 분야에 지원한 친구들이 어떤 준비를 하고, 어떤 어려움을 겪었는지를 알아보는 것은 매우 중요하다. 자신만의 스트레스가 아니라는 것을 깨닫는 것만으로도 좋고, 낭비되는 시간을 아껴 효율적으로 취업 준비를 할 수 있다면 더욱 좋다. 또한 취업 후기를 통해 면접장의 분위기를 찾아볼 수 있다면 두려움을 줄일 수 있을 것이다. 여기서 중요한 것은 하나의 후기를 단편적으로 보기보다는 여러 후기들을 볼 수 있어야 한다는 것이다. 한 명의 고민이 전체인 양 보기보다는 많은 후기를 통해 '업계별 공통점'을 찾아내는 것이 좋다. 이런 방법으로 후기를 보면서 기업의 특징뿐 아니라, '동종업계의 경우' 채용형태가 비슷한 사례를 찾아볼 수 있다. 본인이 지원하는 업계와 분야에서 채용의 공통점을 찾아내게 되는 순간 취업 준비가 한결 수월해질 것이다.

둘째, 채용설명회를 활용하자. 학교나 지역에서 채용설명회를 개최한다. 설명회에 가면 기업의 실무자나 채용담당자가 나와 구직자의 고민들을 해소해주기 위해 노력한다. 기업 실무자와의 상담을 통해 본인이 지금 하고 있는 목표와 준비 과정에 대한 피드백을 받도록 하자. 목표가 구체적일수록 더욱 세부적인 피드백을 얻을 수 있을 것이다. 주의할 점은 조급하다고 자신의 합격의 가능성만 묻고 돌아오지 말자. 설명회 담당자는 정보를 알려주는 사람이지, 인간을 평가하는 '신'이 아니다.

'급할수록 돌아가기보다는 취할 수 있는 정보로 돌진하라'는 말을 하고 싶다. 취업은 결국 정보이다. 정보를 통해 꿈을 어필하고 가능성을 어필할 수 있는 것이 지금 시점에서 할 수 있는 최선의 전략이 될 수 있을 것이다. 이를 위해선 취업 동아리나 교내 취업캠프 등 구직자를 위한 다양한 프로그램에 참여함으로써 본인의 목표 실현 가능성을 높여갈 수 있길 바란다.

기업이 직무별로 채용하는 이유

일 잘하는 인재들은 뭐가 다르지?

과거의 운동선수들은 종목에 관계없이 기초체력이 강하고, 지구력과 스피드가 우수하면 경쟁력이 있었다. 그렇지만 과학기술의 발달로 종목에 따라 필요로 하는 요건이 달라졌다. 단순히 힘이 좋고 빠르다고 해서 훌륭한 운동선수가 되는 시대가 아니다. 이렇듯이 기업에서도 과거에는 똑똑하고, 외모가 준수한 인재들을 일단 채용하여 기본적인 교육을 시킨 뒤에 희망하는 부서를 1, 2지망으로 물어보는 절차를 거쳐서 부서에 배치하는 형식적인 방식이었다. 하지만 이제는 각 부서별로 하는 일에 필요로 하는 요건을 정의하여 인재를 확보하는 단계부터 검증하고 있다.

이러한 채용방식의 변화는 각 기업들이 추구하는 경영목표를 달성하는데 있어 일의 종류에 따라 성과를 창출하는데 필요한 요건이 다르지 않을까 하는 의문에서 출발하였다. 이러한 의문을 풀고자 기업에서는 각각의 맡은 일을 잘 수행하여 탁월한 성과를 창출하는 우수인재는 과연 어떤 공통점이 있는지를 분석하여 업무성과에 가장 큰 영향을 주는 요소들을 도출하게 되었다. 즉, 기업에서는 '일'을 직무(職務)라고 표현하며 해당 직무 수행 성과가 우수한 인재들이 공통적으로 보유하고 있는 속성을 역량(力量)이라고 정의하고 분야별 또는 직무별 채용을 실시하게 된 것이다. 예를 들어, '축구선수에게 필요한 역량은 무엇일까?'라는 질문에 어떻게 답을 할 것인가.

스피드, 힘(파워), 판단력, 순발력이라고 답을 한다면 이것은 축구선수에게 필요한 역량이라기보다는 모든 운동선수에게 필요한 공통능력일 것이다. 이보다는 현대축구에서 축구선수에게 요구되는 역량은 순간반응속도, 궤도예측, 패스세기조절, 균형감각 같은 현대축구의 트렌드와 전략, 전술 등을 고려한 역량이 필요할 것이다.

연구개발 다음 프로세스는 생산(양산체제)이 아니다

그렇다면 기업은 어떠한가? 기업도 하나의 스포츠 팀처럼 각자의 역할에 따라 우선시하는 역량이 다르므로 희망하는 직무가 무슨 역할을 수행하는지, 역할을 수행하는 데 필요한 역량은 무엇인지를 파악하는 것이 직무별 채용에 대비하는 취업준비생의 과제인 것이다. 다만, 취업준비생이 희망하는 직무를 분석하기 위해서는 기업의 Business Value Chain(사업가치사슬)을 이해하여 '일의 흐름'을 파악하는 것이 무엇보다 중요하다. 이를 모든 산업 중에 가장 대표적인 제조업을 기반으로 일의 흐름을 설명해보겠다.

만일, 여러분이 어떤 아이템을 연구하여 판매하고자 한다면 가장 먼저 무엇을 고민해야 하는가? 이 고민을 하는 사람이 바로 Business Value Chain(사업자치사슬)의 첫 번째 역할을 수행한다. 그런데, 이 질문에 연구개발이라고 대답하는 취업준비생들을 많이 보게 되는데 정답은 연구개발이 아니라 마케팅이다. 마케팅은 '내가 팔고 싶은 아이템이 시장에서 잘 팔릴 수 있을까?', '고객에게 어떤 가치를 제공할까?', '가격 경쟁력은 있

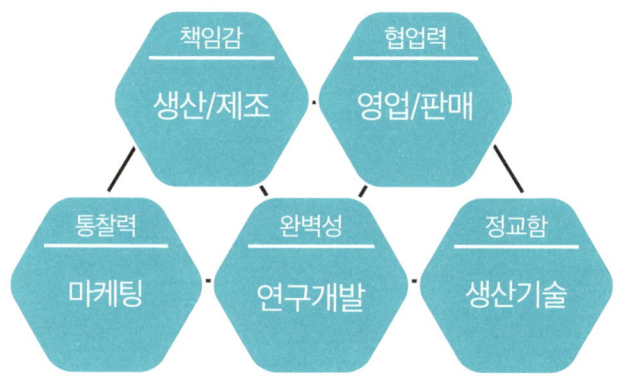

을까?' 등을 검토하는 직무다. 그렇다면 마케팅 다음에 고민해야 할 것은 무엇인가? 맞다. 바로 연구개발(R&D)이다. '내가 팔고자 하는 아이템이 시장에서 제품 경쟁력이 있다'고 예상한다면 우리가 해당 제품을 만들 수 있는 기술과 인력을 보유하고 있는지 검토하여 연구하고 개발하는 역할 을 수행하게 된다. 만일, 우리가 직접 개발할 수 없는 상황이라면 외부 전 문업체와 제휴하여 아웃소싱을 하게 될 것이다.

그럼, 마케팅, 연구개발 다음 단계는 무엇인가? 많은 취업준비생들은 생산(or 제조)라고 답을 하는데 그렇지 않다. 생산 이전에 이공계 출신 취 업준비생들이 많이 희망하는 생산기술(Engineering)이라는 단계가 있다. 제조 기업에서는 생산기술이 상당히 중요한 역할을 수행한다. 왜냐하면 연구개발에서 개발한 제품을 보다 더 세밀하게 검증하여 제품의 품질을 강화할 뿐만 아니라 양산체제에서 발생할 수 있는 비효율을 사전에 검토 하기 때문이다. 어떻게 보면, 기업에서 하나의 제품을 생산하기 위해서 소요되는 비용을 줄여줄 수 있는 직무가 바로 생산기술이다.

마케팅, 연구개발, 생산기술 다음은 생산(제조)으로써 설계된 공정과 절차를 준수하여 주어진 생산량을 불량 없이 출하하는 역할을 수행하는 것이다. 그리고 마지막으로 판매(or 영업) 단계가 있다.

일의 흐름을 이해하는 것이 중요하다

앞에서 설명한 바와 같이 내가 희망하는 직무가 무슨 일을 하는지도 중요하지만 내 앞의 직무가 무엇이고, 내 뒤의 직무가 무엇인지를 전체적으로 이해하는 것이 중요하다. 내가 희망하는 직무가 없으면 어떤 일이 발생하는지를 고민하는 것이 직무별 채용을 준비하는 취업준비생의 차별화 된 전략이다.

끝으로, 기업이 직무별 채용을 하는 이유는 비단 적합한 인재를 확보하기 위한 채용방식에만 국한되는 것은 아니다. 각 기업들은 직무분석을 통해 직무기술서(Job Description)을 보유하고 있으며 직무기술서에 정의되어 있는 역할과 책임, 필요요건, 필요교육 등을 활용하여 인사평가에 반영하고 있다. 따라서 본인이 잘할 수 있는 일과 좋아하는 일을 기준으로 직무를 선택하라는 전문가들의 조언은 입사에서 모든 것이 끝나지 않고 직장생활 중에도 지속적으로 이어지기 때문에 중요하다는 것으로 이해하기 바란다.

취업코칭 3 :
취업목표가 수립되지 않은 취업준비생

취업준비생이여, 무엇이든 시작해 보자

꿈이 명확한 사람은 70~80%가 목표를 달성한다고 한다. 반대로 꿈이 없는 사람은 약 20%만 달성한다고 한다. 하지만 얼마나 많은 사람이 자신의 목표를 명확히 가지고 살고 있을까? 게다가 대학생의 절반이 자신의 전공을 살리지 못한다고 하는 이 나라에서 말이다. 왜 우리 부모님은 나에게 꿈을 가지게 만들지 않았을까? 아니! 분명 부모님은 물었다. '너 커서 뭐 될래?' 비아냥거림이든 즐거운 대화든 이제 와선 다 '내 탓'이다.

취업을 준비하는 과정에서 목표가 없다는 것은 큰 문제이다. 하지만 그것보다 더 큰 문제는 다른 곳에 있다. 목표가 없기 때문에 아무것도 하지 못하는 경우가 너무 많다는 것이다. 우리는 하나의 목표를 선택하면 다른 목표가 내 손에서 사라질 수도 있다는 두려움을 가지게 된다. 그래서 결국 아무것도 시작하지 못하고 고민만 하다가 시간이 흘러가버리는 경우가 많다. 명확하게 이야기하고 싶다. 무엇이든 시작하라고! 이러다 정말 '너 뭐 될래?'라는 말에 한숨 쉬게 될지도 모른다.

취업준비생에게 꼭 필요한 세 가지 마인드

그렇다면 우리는 구직자로서 '뭘 할 수 있을까?'

고민을 조금 다르게 시작해보자. '취업준비생'이라는 단어에서 벗어난 다면 무엇이 달라질 수 있을까? 경력직이 될 수 있는 고민이 필요하다. 지금까지 목표를 결정하지 못했다면 취업을 앞둔 이 시점에서 우리가 할 수 있는 건 그리 많지 않다. 그리고 준비할 수 있는 시간은 더욱 부족하다. 그럼 취업준비생으로서 할 수 있는 것만 고민하기보다는 넓은 범위의 경험을 할 수 있는 용기가 필요하다.

1. 포기하지 말자!
2. 가능성을 선택하자.
3. 커리어패스를 선택하자.

위 세 가지의 선택을 위해 노력하는 것이 목표가 수립되지 않은 취업준비생들에게 조금이나마 목표설정과 움직임에 도움이 될 수 있을 것이다.

첫째. 포기하지 말자! 첫 번째 고민은 스스로가 포기할 수 없는 것이 무엇인지를 고민하는 데서 출발하길 바란다. 예를 들면 '나는 사람과 함께하는 일을 하고 싶다', '나는 내 명예가 더 중요하다', '나는 돈보다는 내 생활을 보장해줄 수 있는 곳이 필요하다'라는 식의 스스로 인생에서 우선순위로 가지고 있는 것들을 찾아보자는 것이다. 절대 이것만큼은 포기할 수 없다는 것에 집중하다 보면 결국 진로에 대한 우선순위를 선택할 수 있다. 포기할 수 없다면 결국 시작해야 할 것도 명확해질 것이다. 여기서부터 다시 시작해보자. 진로에 대한 대부분의 고민은 나 자신이 아니라, 타인에게 보여주고 싶은 것들인 경우가 많다. 스스로가 행복해질 수 있도록 나의 기준만은 포기하지 말자! 나의 가장 즐거운 놀이가 될 것이다.

둘째. 가능성을 선택하자. 즐길 수 있는 놀이를 찾았다면 오랫동안 놀 수 있는 공간을 찾아야 한다. 내가 하고자 하는 일이 지속가능한 일인가를 생각하자. 하고 싶은 일이 편한 것이든, 돈을 많이 버는 것이든 좋다. 하지만 시장이 지속가능하지 못하다면 조만간 스스로가 하고 싶어 했던 일을 내려놓아야 할 것이다. 무언가를 결정했다면 가능성을 찾아야 한다. 세부 업무까지는 결정하지 못하더라도 시장의 가능성이 높다면 그 안에서 본인이 할 수 있는 역할은 분명 많아질 것이다. 하나의 직업이나 회사의 이름으로 찾는 것이 아닌, 시장으로 고민해볼 수 있어야 한다. 4차 산업혁명 시대에 프로그래머라는 직업이 레드오션이라고 해도 그 놀이터가 넓기 때문에 늘어날 가능성 있는 직업으로 각광받는 것처럼 오랫동안 많은 것을 할 수 있는 곳을 찾는 것이 중요하다는 것을 잊지 말자.

셋째. 커리어패스를 선택하자. 하고 싶은 놀이와 놀 수 있는 놀이터의 콘셉트를 잡았다면 이제 놀이터의 이름은 고민하지 말자. 다시 말해, 본인이 꼭 지켜야 할 가치와 그 가치를 지킬 수 있는 가능성 있는 시장을 찾았다면 회사 브랜드에 너무 집착해 출발조차 어렵게 만들지 말자는 것이다. 우리가 너무나 잘 알고 있는 SM, JYP, YG 등 엔터테인먼트 회사의 경우 공채를 통해 들어가기란 하늘의 별따기다. 하지만 우리나라에 너무 많은 엔터테인먼트·콘텐츠 회사가 존재하고 주식시장에 상장되어 있는 기업만도 20개가 넘는다는 사실을 잊지 말아야 한다. 관련 업종에서의 경력은 이후 나의 커리어패스를 더욱 명확하게 만들 것이다.

이쯤 되면 내가 얼마나 바빠질 수 있는지를 생각할 수 있을 것이다. 어떤 결정도 완벽한 결정이라고 이야기할 수 없다. 하지만 아무것도 하지 않는 것이 얼마나 바보 같은 짓인지 알아야 한다. 이제 나를 질책하기보다는 '나는 무엇을 포기하고 싶지 않은가?'부터 질문을 시작해보도록 하자. 그리고 바빠진 발걸음을 미래의 놀이터를 위해 즐길 수 있길 바란다.

기업은 왜
인성을 중요시할까?

기업에서 인성이 좋은 사람은 일 잘하는 사람이다

기업이 인성을 중요시한다는 것은 사람의 됨됨이만을 본다는 것이 아니다. 결론부터 말하면 '기업에서 말하는 인성은 역량이다. 우리는 기업에서 보는 인성의 기준이 무엇인가를 곰곰이 생각해볼 필요가 있다. 일반인들이 생각하는 것처럼 '착한 사람이 인성이 좋다'는 식으로 생각하기 십상이지만, 기업에서의 관점은 무엇을 판단하든 '일을 잘할 수 있는 사람'이다. 그렇다면 '기업에서는 '왜' 인성을 중요시하는가?'에 대한 물음보다 '어떤 관점'에서 인성을 중요시하는가?'에 대한 고민이 더욱 중요하다.

기업이 인성을 보는 관점은 사람이다

기업은 우선적으로 취업준비생의 인성을 평가할 때 '내 동료들과 내 고객들과 얼마나 잘 지낼 수 있는가?'를 본다. 함께 일하는데 있어 인성은 사람과의 관계의 잣대가 되기도 한다. 동료들과의 즐거운 분위기와 동화될 수 있는 인성을 가진 인재는 팀의 분위기를 즐겁게 만들 수 있다. 직장

동료들과 보내는 평균 근무시간이 주당 평균 53시간이라고 한다. 이들과 함께 지루한 회의를 해야 하고 함께 머리를 맞대고 고민해야 한다. 또한 밥상머리에 함께 앉아 사소한 이야기들을 나눌 수도 있다. 그리고 끔찍한 주말 회식이 기다리고 있을지 모른다. 이런 시간동안 동료들과의 관계가 즐겁지 않다면 나와 동료들의 역량이 떨어질 뿐 아니라 스스로의 직장 내 행복도 보장받을 수 없고, 기업이 만들어가고자 하는 비전을 함께할 수 없다. 이를 위해 기업들은 마인드 교육 및 동료의식을 고취하기 위한 교육 등을 지원한다. 하지만 교육으로 인성과 관계가 바뀌는 것보다 이미 갖춰진 사람이라면 그 비용을 절감할 수 있는 것은 당연한 것이다.

그렇다면 취업준비생들은 이런 기업의 요구에 어떻게 대응해야 할까?

무엇보다도 '관계'를 증명해야 한다. 사람 간의 관계는 다양한 상황변수가 존재한다. 모든 상황을 충족할 수는 없다. 우선 과거의 사람들과 함께했던 경험을 통해 증명해야 한다. 최근 5년 이내의 사람과의 관계를 통해 내가 어떤 태도를 보였는지, 사람들은 나를 어떤 사람으로 인정해 주었는지를 보여줄 수 있어야 한다.

자기소개서의 경우 팀 혹은 친구들과의 관계로 인성과 별명 그리고 존경하는 인물을 통한 자신의 색을 명확히 증명하도록 한다. 서류 통과 후 면접에서는 직장생활을 하는데 있어 어떤 마인드를 가지고 팀원들을 대할지에 대한 자신의 생각을 보여줄 수 있도록 하는 것이 중요하다. 최근 '팀원들과의 마찰을 극복할 수 있었던 경험', '윤리, 도덕을 지키기 위해 노력했던 경험과 결과'라는 식의 경험을 통해 본인의 인성을 묻는 채용과정의 질문들을 이해할 수 있어야 한다.

기업이 인성을 보는 관점은 업무대처 태도이다

업무를 처리하는데 있어 인성은 윤리적인 결정을 하는 데 도움이 된다. 올바른 가치관으로 더 나은 결정을 할 수 있다면 장기적인 회사의 발전에 기여할 수 있을 것이다. 올바른 선택이 아닌 주관적인 욕심으로 팀 전체의 성과를 해치게 되는 경우가 생긴다면 아무리 좋은 역량을 가진 인재라도 함께하기 힘들 것이다. 이런 업무대처에 대한 인성을 보기 위해 기업들은 까다로운 선택의 질문을 던지기도 한다.

'경쟁기업에 있는 친구가 자료를 달라고 한다면?'

'더 나은 조건으로 회사의 기밀을 유출해 입사하라고 한다면?'

당연히 답이 있는 질문처럼 보이지만, 본인의 인성에 대한 확신이 없다면 후속 질문에서 답변하기가 무척 까다로울 수 있는 질문들이다. 기업에서 업무대처 태도에 대한 취업준비생의 준비를 묻는다면 이에 대비해 직무상황을 최대한 많이 공부하는 것이 좋다. 인성과 관련된 선택 질문을 받게 된다면, 우선 본인이 무엇을 중요하게 생각하는지를 이야기함으로써 진정성을 어필하고 지원하는 회사와 관련된 직무상황을 예시로 들어주면서 답을 하는 것이 효과적이다. 직무에 대한 이해도도 어필할 수 있고 본인의 인성에 대한 방향성도 제시할 수 있다. 조금 더 업그레이드해본다면 기업분석을 통해 지원기업의 현재 사업 혹은 상품에 대한 전략과 이에 관련된 직무상황을 중심으로 본인이 어떤 태도를 보일지 어필하는 것도 실무자와의 깊이 있는 대화를 만들 수 있는 좋은 전략이 될 것이다.

수시채용,
어떻게 준비할 것인가

왜 수시채용이 증가하고 있나?

기업의 채용은 크게 2가지 사유에 의해 이루어진다. 첫째는 기업 내의 특정 업무를 수행하는 인력이 기업 내 직무전환 또는 기업 밖으로 이직하여 공석이 발생하는 경우에 결원 충원을 하는 것이다. 둘째는 기업의 지속가능성을 위해 신규인력을 증원하는 것이다.

이 중에 결원 충원을 할 때, 공석이 발생한 업무를 수행하던 직급(대리, 과장 등)으로 경력사원을 충원하는 것이 일반적이었다. 하지만 기업 입장에서는 적합한 경력사원을 찾지 못하는 경우도 있고, 기업문화에 적합한 신입을 채용하여 육성하는 것이 더 바람직하다고 판단하기 때문에 해당 직무 수행에 필요한 인력을 경력이 아닌 신입으로 충원하는 것이다. 이러한 현상은 중소기업, 중견기업은 말할 것도 없고 대기업들도 각 직무별로 채용사유가 발생할 때 채용하는 수시채용이 늘어나고 있다.

나만의 희망기업리스트를 작성하라

취업을 준비하는 취업재수생과 학생들에게 거창하게 취업 전략을 수립하라고 할 때 우선적으로 자기분석을 한 후에 하고 싶은 일(직무)을 분석하고 기업을 분석하라고 한다. 그러나 위의 3가지 분석은 순서가 있는 것이 아니라 동시에 진행해야 하는 것이며, 오히려 취업 전략의 첫 번째는 가고 싶은 기업을 찾아서 나만의 희망기업리스트를 만드는 것이다. 희망기업은 대기업군 3개, 중견기업군 4개, 중소기업군 3개 등으로 크게 3그룹으로 구성하는 것이 바람직하다. 2~3일에 한 번씩 주기적으로 해당 기업 채용 홈페이지에 들어가서 채용공고가 있는지를 확인하고 직무적합성을 판단한 후에 지원 여부를 결정하는 것이다. 아울러, 해당 기업의 현재 채용공고뿐만 아니라 과거 1~2년간 채용공고를 보면 본인이 희망하는 직무의 채용니즈가 있는지를 가늠할 수 있는 중요한 잣대가 되며, 이러한 과정을 거치게 되면 희망기업리스트를 업데이트 할 수 있는 근거가 될 것이다. 또한, 희망기업리스트가 정해져야 이론적으로 알고 있는 기업분석을 어떻게 하는지 연습할 수 있는 기회도 생긴다. 즉, 무슨 일이든 타깃이 없이 행동이 이루어지는 것은 없다.

네트워킹을 이용하면 기회는 2배로 찾아온다

기업에서 채용을 하는 방식은 지면광고, 잡포탈광고 외에 '추천'이라는 채널이 있다. '추천'은 학교추천, 교수추천, 사내직원추천이 대표적인데, 기업 인사팀은 이 중에서도 사내직원추천을 신뢰한다. 특히, 해당 추천인이 기업 내에서 어느 정도 인정을 받는 직원이라면 더욱 더 신뢰하게 된다. 사내직원추천은 특별한 경우가 아닌 이상 서류전형은 통과하므로 인·적성 또는 면접을 볼 수 있는 기회는 2배 이상으로 높아지게 된다. 즉, 추천이라는 것은 부담스럽기 때문에 아무나 추천하지 않는다는 속성을 인사팀에서 알고 있기 때문이다. 따라서 취업준비생들은 희망기업리스트를 정리함에 있어 가능하면 가족, 친척, 선·후배 등 지인들이 근무하는 기업을 희망기업리스트에 포함하면 취업에 보다 빨리 다가설 수 있을 것이다. 그렇다고 '추천'이라는 것이 학연, 혈연, 지연이라고 오해하는 일이 없기를 바란다. 채용절차 중의 하나인 서류전형에 가산점을 주는 것이지, 모든 절차를 다른 후보자들과 동일하게 거치며 평가를 받아야 하며 공정하게 경쟁하게 됨을 잊지 않아야 한다.

SNS를 취업에 활용해라

수시채용 증가에 따라 취업준비생들이 희망기업리스트를 작성하여 취업을 준비하는 것을 기업 인사팀에서도 알고 있다면 해당 기업에 관심을 갖고 입사하기를 희망하는 취업준비생들은 보다 더 빠르고 친밀한 커뮤니케이션 툴을 활용해볼 것을 권한다. 그중의 하나가 페이스북, 인스타그램 등의 SNS를 활용한 채용마케팅이다. 아직까지는 대기업 위주로 진행하고 있지만 중견기업, 중소기업에도 확대될 것은 자명하다. 따라서, 취업준비생들은 별 도움이 되지 않는 잡담 중심인 단톡방에서 빠져나와서 진정한 정보를 접할 수 있는 SNS를 활용하여 희망기업의 채용 정보, 취업에 관련한 기업 및 직무 정보, 최근 이슈가 되고 있는 지식 정보를 접하면서 생생한 취업 준비를 하기 바란다.

아래 상황에서는 어느 분의 일부터 처리하는 것이 맞는 건가요?

'당신은 A사의 신입사원이다. 회사 입문 교육을 마치고, 한달 전에 부서배치를 받았다. 아직은 부서 분위기에 익숙하지 않다. 어느 날 당신은 부장이 내린 업무를 하고 있는데, 과장이 다른 업무를 지시했다. 그래서 그 일을 하고 있는데, 바로 위의 사수인 대리가 급한 일이라며 또 다른 일을 맡겼다. 이런 경우, 당신은 어떻게 하겠는가' 가장 Most한 것과 가장 Least한 것을 답해보라.

① 바로 위의 사수인 대리가 시킨 일을 한다.

② 과장에게 다시 물어본다.

③ 가장 직급이 높은 부장이 지시한 일을 한다.

④ 다른 부서에 배치 받은 입사 동기에게 물어본다.

⑤ 다른 회사의 선배에게 물어본다.

결론은, Most는 ③, Least는 ① 또는 ④가 가장 바람직하다고 할 수 있습니다. (참고로 회사 내에서의 직급서열은 말단부터 사원→주임→대리→과장→부장→임원순으로 이해하면 됩니다.) ③이 Most한 이유는 부장 아래의 과장, 대리도 부장의 업무 범위 내에 배속을 받기 때문입니다. 만약 내가 과장 또는 대리인데 정말로 본인의 일이 급한 건이라면 부장에게 가서 "부장님, 지금 상황이 이러이러해서 저의 업무 먼저 처리하라고 조치하도록 하겠습니다"라고 보고 후에 신입사원에게 일의 우선순위를 바꿔서 하라고 지시할 수 있게 될 것입니다.

Least 중 ①은 사전에 부장에게 보고 없이 대리 일을 먼저 하게 되면 대리뿐만 아니라 작업을 했던 본인마저도 불호령이 내려질 것이고, ④와 같이 동기생에게 물어보는 것은 본인과 같은 입장인 동기로부터 합리적인 조언을 받기에는 다소 무리가 있기 때문입니다.

Q 경영학을 전공하고 있는 대학교 3학년입니다. 기업에서 인정받는 인재들의 공통점은 이해하였습니다. 그렇다면 기업에서 인정받지 못하는 인재들의 공통점 중 한 가지만 선정한다면 무엇인가요? 최소한 이것만은 피해 가야 하지 않을까 해서 질문합니다.

A 이 질문의 답변은 명확합니다. 업무전문성이 없는 인재입니다. 조직에서는 많은 사람들이 있다 보니, 이런 저런 별별 유형들이 있게 마련입니다. 예를 들어, ①자신이 세상의 중심이고 남을 깔보는 유형, ②말을 함부로 하며 타인을 배려하지 않는 유형, ③부하사원 또는 동료들의 공로를 가로채는 유형, ④업무에 집중하지 않고 근무태도가 산만한 유형, ⑤본인의 업무에 전문성이 없는 유형, ⑥업무속도가 느리지만 깔끔하게 일을 처리하는 유형, ⑦늦게까지 남아서 부서의 전등을 끄고 가는 유형 등이 있습니다. 그렇다면 이 중에서 어떤 유형을 조직에서 가장 먼저 도려내야 할까요? 물론, 이 결정은 매우 민감하며 관점에 따라 다양한 반응을 하게 될 것입니다. 그럼에도 저자는 과감하게 ⑤번 본인의 업무에 전문성이 없는 유형을 택할 것입니다. 물론 7가지 유형 모두 시간이 흘러가면서 보완이 가능하지만, 현 시점에서만 딱 잘라서 평가한다면 ⑤번입니다.

실제 조직에서는 인간성(인성)이 안 좋지만 실력 하나만은 끝내주는 인재들이 많습니다. 평범한 인재들은 이러한 특급 인재들을 질시하며 탐탁지 않아 하지만 결국 기업에서 인정받는 인재는 성과가 높은 인재입니다. 이것이 바로 이상(채용에서 중요하게 보는 관점)과 현실(실제 기업의 생리)의 갭이죠. 그렇다고 이것을 뭐라 할 수 없습니다. 기업은 이윤을 먹고사는 집단이므로 어쩔 수 없는 선택이니까요.

Q 기업분석을 하면서 제일 이해가 가지 않는 부분은 그 기업문화와 가치 부분입니다. 기업문화가 왜 중요한지, 그리고 기업문화를 파악하는데 필요한 요소는 무엇이 있는지 속 시원한 설명을 듣고 싶습니다.

A 삼성맨과 현대맨의 이미지에 대한 차이점을 느낌이 오는대로 설명해볼 수 있습니까? 삼성맨의 이미지하면 깔끔, 이성적, 스마트, 개인주의, 이기주의, 산뜻, 냉철 등 이러한 이미지가 떠오릅니까? 현대맨의 이미지하면 저돌적, 말보다 행동, 우직함, 뚝심, 남성미 등으로 표현하면 괜찮을까요?

과연 이러한 삼성과 현대 이미지를 누가 만들었을까요? 그것은 바로 선대 회장인 고 이병철 회장과 정주영 회장이 만들어 놓은 기업의 이미지입니다. 이러한 창업주 밑에서 신입사원부터 성장하여 지금의 CEO가 되고 임원이 된 지금의 중역들이 여러분과 같은 신입사원을 임원면접(인성면접)에서 최종 채용의 합부를 결정하는 것입니다. 이처럼, 임원(인성)면접을 통해 우리 회사의 이미지에 잘 어울릴 만한 지원자인지를 판단하는 그분들의 '느낌', '감'이 매우 중요한 요소로 작용하고 있는 것입니다.

본 질문에서 꼭 하고 싶은 말은, 설령 지원하는 회사에서 불합격 소식을 듣게 되더라도 '아! 이곳은 나하고의 인연이 아닌가 보다' 하고 쉽게 털어버리라는 것입니다. 여러분과 궁합이 맞는 회사는 꼭 나타날 것이기 때문입니다.

Q 대학교에서 전자공학을 공부하고 있는 4학년 학생이며 생산기술 직무를 희망합니다. 생산기술 직무를 수행하는데 필요한 역량을 딱 한 가지만 고른다면 어떤 것일지 궁금합니다.

매우 어려우면서도 핵심을 찌르는 질문입니다. 생산기술 직무는 연구개발에서 가능한 한 완벽하게 개발한 제품의 아주 사소한 문제가 있는지를 점검해야 하므로 정교함(취업준비생들이 가장 많이 내세우는 역량 중 하나인 꼼꼼함)이 중요한 역량입니다. 이러한 정교함은 전문성을 바탕으로 한 정교함이어야 하므로 기술적 지식과 스킬을 보유해야 합니다. 예를 들어 HW분야 생산기술 직무수행자라면 회로설계도를 보고 회로설계의 적합성을 검증할 수 있어야 하는 것입니다. 이렇듯 각자 맡은 직무의 특성을 해당 직무의 역할 및 책임으로 해석하는 것이 아니라 앞뒤 직무와 연계하여 해석하는 것이 중요합니다.

Q **인·적성검사에서 자꾸 떨어지는데 저는 인성이 안 좋은 걸까요?**

A 결론부터 이야기하면 '그럴 수 있다'입니다. 인·적성검사는 시간을 때우기 위해 만들어진 검사지가 아닙니다. 인성이든 적성이든 본인의 적합성을 판단하기 위해 오랜 시간 공을 들여 만든 것입니다. 지속적인 탈락이 반복된다면 객관적으로 자신의 문제점을 찾아봐야 합니다. 하지만 대다수의 친구들은 인성이 문제가 있어서라기보다는 검사에 대한 공부가 부족할 때 이런 문제가 발생합니다. 검사는 대부분 적합성과 적합성에 대한 신뢰도로 이뤄집니다. 열심히 모의고사 문제집을 풀고 유형까지 파악했지만 자꾸 떨어졌다면 인성이 '나쁘다'가 아니라 '적합하지 않다'라는 생각을 해도 좋습니다. 하지만 충분한 준비가 되지 않은 상태에서 실전검사에서 절반도 문제를 풀지 못한다면, '적합하지 않다'가 아니라 '판단할 수 없음'이라는 결과라고 볼 수밖에 없습니다. 본질을 탓하기 전에 스스로의 노력을 먼저 고민하길 바랍니다.

Q **부모님은 자꾸 공무원을 하라고 하십니다. 무엇을 하고 싶은지 모르는 상황에서 부모님의 말씀을 그냥 따르는 게 맞는 걸까요?**

(A) 인생을 결정하는 것은 부모님이 아니라 본인이어야 합니다. 좋은 결정을 위해 다양한 사람들의 이야기를 경청하는 것은 필요하지만, 내 주변에 가장 객관적이지 못한 사람도 부모님이라는 것을 아시기 바랍니다. 공무원이라는 직업이 본인에게 가장 적합하고 중요하게 생각하는 가치라면 모르겠지만, 안정적인 직업이기 때문에 선택해야 하는 결정이라면 말리고 싶습니다.

이런 측면에서 부모님은 늘 내 자식은 조금 더 편했으면 하는 바람으로 공무원을 희망하기도 합니다. 부모님이 왜 공무원을 이야기하고 있는지를 생각해 보십시오. 하나는 편하길 바라는 마음으로, 또 다른 하나는 본인의 꿈이 없어 보이기 때문입니다. 스스로가 목표가 명확한 구직자라면 말리거나 또는 지원해주거나 둘 중 하나를 택하게 될 것입니다. 그런데 이 두 가지가 아님에도 무조건 공무원이라면 자신의 불안해보이는 모습을 반성하는 것이 우선일 것입니다. 스스로의 만족스런 인생을 위해 책임감 있게 고민하길 바랍니다.

(Q) 취업을 하는데 지원하고자 하는 관련 분야에서 인턴이나 현장체험실습 그리고 아르바이트는 꼭 필요하다고 합니다. 이러한 관련 분야의 경험이 왜 필요한지 그리고 인턴이나 현장체험실습, 아르바이트를 할 경우 어떤 자세와 태도로 생활해야 하는지 이에 대한 답변을 부탁드립니다.

(A) 우선 관련 분야의 경험이 필요한 이유는, 입사지원서와 면접 시 여러분에 대해 알고자 하는 것이 과거의 경험이기 때문입니다. 지원회사의 채용담당자나 면접관은 지원자를 본 적이 한 번도 없습니다. 그렇기 때문에 자기소개서 항목이나 면접 질문을 통해 지원자의 경험에 대한 행위, 행동의 모습을 보고 들음으로써 지원자의 미래 모습을 그려보게 됩니다.

어떠한 자세와 태도가 필요한지에 대해서는 앞으로 지원자가 하고자 하는 직무가 있을 것입니다. 직무 역할 수행에 필요한 역량을 제대로 이해하고 경험하고 있는 인턴, 현장실습, 아르바이트에 임해야 합니다. 그러다 보면 상황이 보이고, 문제가 보이고, 자신의 모습이 보일 것입니다. 항상 'why?', 'how?' 하는 질문을 하며 실무자가 되어 가야 합니다.

Q 우리 학교에선 채용설명회를 하지 않는데, 실무자를 만날 수 있는 기회가 없다면 어떻게 하나요?

A 어떤 문제든 방법을 찾아야 합니다. 불가능부터 고민하지 말고 가능성을 찾아보도록 하세요. 기업에서 진행하는 채용설명회는 학교를 선택해서 가는 경우도 있지만, 지역 거점 대학을 찾는 경우들이 많습니다. 채용설명회는 우리 학교만이 아니라 근처 타 학교의 설명회를 모두 합친 기업리스트를 고민해야 더 많은 기업을 만날 수 있습니다.

4학년이 되면 타 학교 친구들과의 로그인 정보 정도는 공유함으로써 다양한 설명회 및 채용담당자의 목소리를 들을 수 있는 기회를 찾아야 합니다. 또한 시, 군별로 진행하는 정부지원 박람회에서도 정보를 얻을 수 있습니다. 정부지원 박람회 뿐만 아니라 업종별로 진행하는 박람회를 가게 된다면, 실무 정보만이 아니라 관련 기업에 대한 정보도 얻을 수 있고 지원범위를 넓히는 기회도 열립니다.

Q 공개채용이 아니라 수시채용에 지원하고자 합니다. 공채에 비해 수시채용에서 특히 유의해야 할 사항이 있는지요?

A 수시채용에 도전함에 있어서 가장 유의해야 할 점은 본인이 지원

하는 직무가 어떤 이유로 충원을 하는 것인지 알아야 한다는 겁니다. 특히, 중소기업·중견기업에 지원할 때는 해당 직무 채용공고가 언제부터 시작되었는지, 과거에 동일 직무 채용공고가 얼마나 있었는지 확인해야 합니다. 오랫동안 채용이 지속되는 직무는 그럴만한 이유가 있기 때문입니다. 예를 들어, 해당 직무를 둘러싼 조직 및 사람관계로 인해 자주 입사하고 퇴사하는 경우일 확률이 높습니다. 취업을 하는 것도 중요하지만 비전 있는 조직에서 좋은 사람들과 함께 일을 배울 수 있는 기회를 찾아야 진정한 취업입니다. 끝으로 어떤 사람을 위해 수시채용을 하고 있는지를 알아본다면 무엇을 PR해야 할지 준비할 수 있을 것입니다.

나의 취업 적합도,
취업에 필요한
기본 준비

자기분석 및 원하는 직장에 들어가기 위한 준비 전략

자기분석, 기업의 기준에 자신이 맞다는 것을 전달하는 과정

자기분석은 취업을 준비하는데 있어 필수적인 준비 요소이다. 자기분석이란 자신이 가진 강점과 약점을 찾아내는 과정이라 할 수 있다. 그런데 무엇에 기준을 맞춰 강점과 약점을 찾아야 하는가가 문제이다. 대부분의 취업준비생은 자신이 잘한다고 생각되는 것을 강점, 못한다고 생각되는 것을 약점화시키고 있다. 그러다 보니 기업의 기준과 더욱 멀어지는 현상이 벌어지곤 한다. 기준이 없는 분석은 없다. 더구나 취업을 위한 자기분석은 기업이 원하는 기준에 자신이 맞다는 것을 전달하는 과정임을 명심하자.

직무분석을 통해 자기분석의 기준을 만들어라

자기분석을 하기 위해서는 우선 기준을 만들어야 한다. 기준은 직무분석에서 만들어져야 한다. 그런데 취업준비생들은 시간이 없다는 이유로, 어떻게 접근해야 할지 몰라서 등의 여러 이유로 직무분석을 제대로 하지 않는다. 그러다 보니 직무에 대한 이해도가 낮을 수밖에 없다. 자기소개서나 면접을 준비할 수도 없다. 이런 상태에서 준비한 것은 채용담당자 눈에는 성의가 부족한 것으로 밖에 보이지 않는다. 직무분석에서 가장 중요한 것은 내가 지원하는 부서가 어떠한 업무들을 하는가에 대한 이해이다. 수행되는 업무에서 요구되는 지식과 기술, 태도적인 부분을 파악하여야 한다.

영업 직무를 예로 들어보자. 영업 직무에서의 주요과업은 제안, 입찰, 계약, 거래관리 등의 업무가 있다. 그중에서 입찰 업무와 관련된 일들을 보면 제안서 작성, 제안 PT가 있다. 이때 요구되는 역량은 지식적인 부분에서는 제품시장의 이해와 업계동향에 관련된 지식이 요구되고, 기술적인 역량에서는 문제해결능력, 창의성과 더불어 문서작성능력, 발표능력 등의 기술적인 부분이 요구된다. 그리고 태도적인 부분에서는 적극성이 요구된다는 것은 이미 알고 있을 것이다. 이렇듯 업무를 단위별로 쪼개어 이해하다 보면 그에 따른 필요역량이 보이고, 역량을 기준으로 보면 자신의 강점 요인과 약점 요인이 보일 것이다. 무작정 인터넷에 떠 있는 직무역량 항목만 보고 준비하지 말고 직무 수행과정을 면밀히 살펴봄으로써 스스로 기준을 만들어보기를 권한다.

진정으로 원한다면 그 증거를 보여줘라

자신이 직무적으로 다른 지원자들보다 우수하다는 것을 증명하는 것은 '경험'을 통해서 입증해야 한다. 단순히 '배웠다', '참여했다'의 결과가 아닌 '어떻게', '어떤 방법으로'라는 과정으로 구체적인 역량 발휘를 예로 들어 역량의 수준을 보여줘야 한다. 거의 모든 지원자가 자신들이 직무에 맞는 사람이라고 주장할 것이다. 그렇지만 자신이 역량을 발휘한 사례, 경험을 구체적으로 제시하는 지원자는 드물다. 왜냐하면 차별화 하는 방법을 거창하고, 대단한 경험으로 나타내야 한다고만 생각하기 때문이다.

증거가 반드시 대단한 경험이 아니어도 된다. 직무에 필요한 역량을 보유하고 활용할 수 있다는 것을 보여줄 정도면 된다.

본인의 경험을 나열해보고 어떤 역량을 발휘했는지 리스트화 해보자.

○○전공 팀과제 → 개선의식, 창의성 → 기존 A방법을 더 효율적인 B로 전환)

그러면 자신이 많은 역량을 보유하고 있었다는 것을 느끼게 될 것이다.

재료가 준비됐다면 레시피를 만들어보자

자기분석의 기준과 증명할 수 있는 경험이 준비됐다면, 어떻게 어필하는 것이 효과적일지 자신만의 레시피를 만들어보자.

요리를 할 때도 어느 정도 기준이 되는 레시피가 있지만, 개인의 입맛과 선호도에 따라 재료와 조리방법이 달라진다. 취업을 준비할 때도 마찬가지다. 인터넷에 떠도는 '카더라통신'에 의한 전략은 누구나 볼 수 있고, 많은 사람들이 분석 없이 준비하기도 한다. 그러다 보면 경쟁력을 갖추기는 더욱 어려워질 것이다. 그래서 더욱 자신이 가진 직무적 강점을 어떻게 돋보이게 할지 스스로 고민해야 한다. 스토리를 만들어 '역량 발휘' 사례를 드라마틱하게 만들어보자는 얘기다. 단순히 열심히 했다가 아닌, 문제해결 또는 목표달성과정에서 부딪히는 문제를 명확히 드러내서 해결방법이 구체적으로 제시될 수 있어야 한다는 것이다.

예를 들어 '분석력'을 강조하고 싶다면, 문제에 대한 인식과 접근방법을 제시한다던지, 기존의 방법과의 차별성을 들어 자신의 방법이 더 효율적이라는 것을 어필한다면 분석적 사고가 단연 돋보일 것이다. 이때 기업에서 많이 사용되는 분석 툴을 사용하면 더욱 인정받을 수 있다. SWOT분석, 3C분석, 4P분석, Logic Tree, VC분석, MECE분석 등이 많이 사용되는 분석 툴이다.

만들어진 요리는 여러 사람에게 맛보이고 의견을 들어라

기업마다 조금씩 다른 인재의 기준을 가지고 있다. 따라서 자신의 자기소개서와 면접에서 활용할 소재를 정리하고, 다른 사람들에게 보여주거나 들려주길 바란다. 그 이유는 여러 사람의 다양한 시각을 공통적으로 맞춘다면 기업에서도 특별히 문제를 삼지 않기 때문이다. 기업의 인재에 대한 기준은 조금씩 상이하지만, 보편적인 관점은 동일하다. 많은 사람들에게 보여주고 들려줌으로써 자신이 말하고 싶은 자신만의 강점이 직무와의 연관성이 부각되는지, 직무에서 활용 가능한 역량이 잘 설명되는지에 대한 부분을 수시로 확인받아 미흡한 점을 수정하고 보완하자. 그에 따라 자신만의 독창적이고 차별화된 역량 발휘 사례를 준비해보길 바란다.

기업은 직무와 조직에 기여할 사람을 원한다

기업은 인재선발과정을 '비즈니스의 수단'으로 보고 있다. 다시 말해 직무와 조직에 기여할 가능성이 높은 사람을 선발한다는 것이다. 따라서 '역량을 가지고 있다', '다양한 경험을 해봤다'가 아닌 역량 발휘 사례를 통해 앞으로 업무에 어떻게 기여할 수 있을지 예상할 수 있도록 직무 수행을 통한 목표제시를 하여야 한다. 직무에서의 이슈, 수행과제 등에 대한 면밀한 정보수집으로 자신만의 목표를 제시해보고 필요인재임을 증명하라. 자신을 뽑았을 때 기업에 어떤 기여를 할 수 있는지를 구체적으로 제시함으로써 자신을 구매하도록 만들어야 한다.

나만의
취업 전략을 세워라

취업 전략이란 원하는 기업에 취업하기 위한 방법이다

'전략'이란 군사용어로써 전쟁에서 승리하기 위해 전투를 계획하고 수행하는 것을 의미한다. 다시 말해 개인의 목표를 달성하기 위한 합리적인 계획과 방법의 의미로 활용되고 있다. 취업에 있어서 전략이란 '원하는 기업, 원하는 직무에 취업하기 위한 합리적인 계획 또는 방법'이라고 정의할 수 있다. 하지만 대부분의 취업준비생들은 취업 전략의 필요성은 인식하지만, 구체적인 자신만의 취업 전략은 존재하지 않는다. 그 이유는 자신만의 전략을 세우는 방법을 잘 모르기 때문이다. 국내외적인 환경의 영향으로 신입사원의 채용이 줄어들고 있는 상황에서 어떤 방식으로 어필해야 타 지원자와 차별화를 만들 수 있는지를 잘 모른다. 부족해 보이기만 하는 자신의 처지에서 전략을 세우는 것은 사치라고 생각하기도 한다. 그럴수록 지원자 본인이 가지는 강점은 무엇인지에 대해 고민해보고, 제한된 시간 내에 효과적으로 준비하거나 어필할 수 있는 '취업필살기'를 준비해야 한다고 강조하고 싶다.

자신만의 전략 수립을 위한 사전 준비

남들이 다하는 방식은 내가 원하는 목표(기업, 직무)를 달성하는데 한계가 있다는 것은 이미 알고 있을 것이다. 그래서 자신만의 취업 전략의 필요성이 더욱 요구되고 있다. 취업 성공으로 이어줄 자신만의 전략을 세우기 위해서 가장 기본적인 세 가지 질문에 대한 답을 만들어보고 계획을 수립해보기를 바란다.

첫째, 기업과 직무를 선택하고 지원한 이유는 무엇인가? 취업을 준비하는데 있어 목표설정은 필수 단계이다. 단순히 가고 싶은 기업, 하고 싶은 직무를 정하는 것이 아닌 왜 관심을 가지게 되었는가와 왜 하고 싶은지에 대한 생각이 충분히 정리되어 있어야 한다. 최근 자기소개서 항목이나 면접에서도 이 질문이 심심치 않게 제시되고 있다는 것은 목표에 대한 생각이 필수적 요소라는 증거일 것이다.

둘째, 입사 후 직무에서 수행해야 하는 업무에 대해 알고 있는가? 취업을 준비하면서 불안감 때문에 역량적인 부분보다 스펙적인 부분에 더 많은 준비를 하게 되는 것은 취업준비생의 어쩔 수 없는 현실이다. 하지만 직무가 어떤 일을 수행하는지에 대한 이해가 없는 상태에서는 자기소개서나 면접에서 자신을 뽑아야 하는 이유를 정확히 어필할 수 없다. 기업은 당장 스펙이 우수한 사람을 뽑는 것이 아니라 직무 수행을 통해서 기업과 직무에 기여할 사람을 원한다. 그러므로 자신이 입사 후 수행하게 될 직무가 어떤 일을 하게 될지에 대한 사전 조사를 해야 한다. 그리고 업무 수행과정을 머릿속으로 그려보면서 어떤 역량이 요구되는지 고민해보길 바란다.

셋째, 필요역량은 준비되었는가? 직무와 기업에 대한 목표설정이 완료되었다면 어떻게 준비할 것인가에 대해 고민해보아야 한다. 직무 수행과정에서 요구되는 역량을 리스트화 해보고 자신의 경험과 연결시켜 보는 과정이 필요하다. 취업 준비기간이 여유가 있다면 부족한 부분에 대하여 경험이나 준비를 통하여 준비를 할 수 있을 것이다. 하지만 대부분 전략을 세울 때쯤은 채용공고를 본 시점이라 준비할 시간이 길어야 2주 정도 밖에 없을 것이다. 이때는 부족한 부분보다 강점 요소를 어필할 수 있는 경험으로 자기소개서와 면접의 답변을 구성해야 할 것이다.

부족한 부분에 대해서는 어떻게 보완할지에 대한 계획을 수립해야 한다. 잘하는 부분은 이미 준비되어 있으므로 자기소개서나 면접에서 어필이 가능하나 부족한 부분은 어필이 불가능하다. 시간적 여유가 있다면 준비하면 되지만 그렇지 못한 경우에는 보완 계획으로 승부를 걸어야 한다. 현재까지 준비된 부분에 대한 것과 더 노력해야 할 것들을 구분하고 노력계획을 보여주면 직무에 대한 이해와 자기계발계획을 지닌 인재로 보일 수 있다.

취업 전략의 핵심은 '선택과 집중' 그리고 '차별화'

취업이라는 전쟁터에서 이기기 위해서는 다른 경쟁자들과 차별화 되는 나만의 필살기가 있어야 한다. 즉, 경쟁자들이 모방할 수 없고 희소한 나만의 무기가 있어야 취업이라는 전쟁터에서 가치를 발휘할 수 있는 것이다. 전략의 궁극적인 목적은 경쟁자들과의 차별화를 통해 경쟁 우위를 차지하는 것이다.

직무 수행에서 가장 필요하다고 생각되는 역량을 내가 가진 것으로 만들어야 한다. 자신의 강점이 설득력이고 지원하는 직무가 영업일 경우, '영업은 구매자의 마음을 움직일 수 있는 설득력이 필수역량이다. 나는 이 설득능력을 갖추었다'라는 논리로 접근해야 한다. 직무에서 가장 중요하다고 생각하는 근거는 객관적인 분석도 있겠지만 자신이 직무를 분석하여 주관적 해석을 할 수 있음을 보여주는 것도 가능하다. 따라서 자신이 중요하다고 생각되는 부분을 어필하는 것이 바로 선택과 집중이다. 이를 뒷받침해주는 경험이 차별화의 완성이라 할 수 있을 것이다. 취업준비생들의 실수 중 하나는 지원직무에 필요한 역량을 강조하기보다는 모든 직무에서 두루 쓰일 수 있는 역량을 강조하고 있다는 것이다. 예를 들면 책임감, 열정, 끈기 등등……. '하나를 보면 열을 알 수 있다'라는 옛말이 있듯이, 한 가지 사례에서 한 가지 역량이라도 제대로 보여주어야 할 것이다. 그것으로 쐐기를 박아야 한다.

취업 전략은 기본에 충실하는 것이 최선이다. 무조건 남과 다른 방법이 최선일 수는 없다. 남들이 좋다고 하는 방식도 나와 맞지 않으면 의미가 없고, 나의 방법도 나의 강점을 부각시켜 주지 못하면 이 또한 의미가 없다. 전략은 효과적으로 나를 돋보이게 만드는 방법일 것이다. 그러므로 어떤 필살기를 가지고 있는지 정확히 파악하고, 그것을 증명할 수 있는 경험으로 차별화시켜서 원하는 기업, 원하는 직무에 도전하기를 바란다.

지원업종을
최소화 하는 것도 전략이다

입사 서류, 무의미한 제출은 하지 마라

대부분의 취업준비생들이 취업을 준비하는 모습을 보면, '아, 이 회사 떴네! 한번 지원해봐야지'라는 마음으로 입사 서류를 준비하고 제출하는 모습을 너무도 많이 봐왔다. 심지어 이런 말을 하는 학생도 기억이 난다.

저자 : 학생은 지금까지 취업을 위해 서류를 몇 번 제출해 봤지?

학생 : 네, 10번 조금 넘었던 것으로 기억합니다.

저자 : 제출한 입사 서류 중에 면접 보러 오라고 연락 온 적은 몇 번인가?

학생 : 2번 있었습니다!

저자 : 1차 면접에서 탈락했나, 아니면 최종 면접에서 탈락했나?

학생 : 면접에 응시 안 했습니다!

저자 : 왜?

학생 : 제가 어느 수준이 되는지 테스트 해 보고자 응시해 본 것 뿐이기 때문입니다.

저자 : ······.

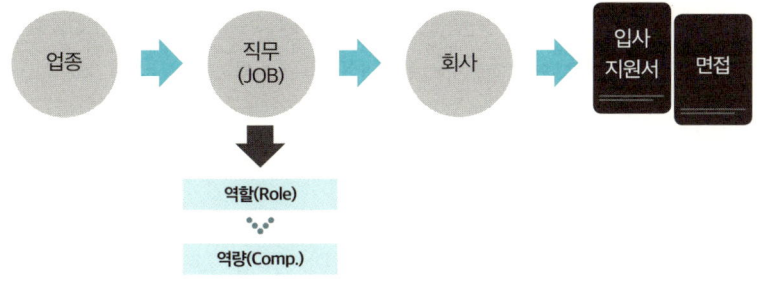

'묻지 마! 지원'은 곤란하다

최근에 기업은 이러저러한 이유로 채용 규모를 점점 줄여가고 있다 보니 취업준비생들의 설자리는 더욱 더 좁아만 가고 있다. 일

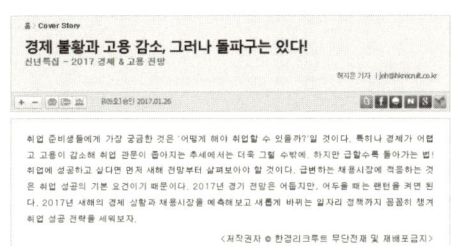

반적으로 지원회사를 정해서 입사지원서를 준비하다 보면 지원회사에서 가장 먼저 물어보는 것이 '지원분야 혹은 지원직무'일 것이다. 왜냐하면, 기업에서는 직군별(제조업의 예 : 경영지원직군, 영업직군, 생산직군, 연구개발직군)로 채용규모를 정하고 서류와 면접을 진행하기 때문이다. 그렇다면, 취업준비생 입장에서 남보다 빨리 취업의 문을 두드리기 위해서는 과연 어떻게 해야 할까?

통상, 서류와 면접전형을 진행하는 과정을 보면 지원회사를 정하고, 그 지원회사에서 하고자 하는 직무에 맞는 본인의 '직무적합성'을 잘 드러내야만 한다. 그런데 각 직무에는 그 직무마다의 역할(Role)이 있다. 역할을 잘 수행하기 위한 역량은 각 직무마다 상이한 법이다. 따라서 자기소개서와 면접에 잘 대응하기 위해서는 직무 수행에 필요한 역량의 강조가 무엇보다도 필요하다. 직무 이전에 선결해서 고려해야 할 것이 '지원업종'이다. 〈그림 1. 참고〉 특히 '지원업종의 최소화'를 강조하는 이유는 바로 여러분이 지원하고자 하는 회사에서 물어보는 '지원동기에 대한 답변'에 비밀이 담겨 있다.

기업에서는 '지원동기'를 통해 듣고 싶은 이야기가 있다!

입사지원서를 준비해 본 여러분은 잘 아시겠지만, 자기소개서 항목 중에서 가장 쓰기 어려운 항목이 무엇일까? 바로 '지원동기'이다. 지원동기는 자기소개서 항목 중에서 가장 관심 있게 보는 중요한 항목이기 때문에 논리적이고 설득력 있는 내용이 담겨야만 한다. 기업들이 지원동기에서 듣고 싶은 이야기는 과연 무엇일까? 바로 '회사에 대한 관심도'이다. 회사에 대한 관심도를 제대로 표현하기 위해서는 지원기업을 제대로 알아야할 것이고 제대로 알기 위해서는 철저한 기업분석이 필요하다. (제2장. '왜 기업분석을 자꾸만 하라고 하는가?' 참고) 그리고 기업분석을 통해 지원 직무 관점에서의 지원회사의 '이슈'와 그에 따른 나의 '역할'을 표현해 내야만 하는 것이 중요하다.

여러분이 지원하는 업종이 다양(자동차, 전자, 식품, 의류, 유통, 제약 등……)하다면 지원회사가 속해 있는 다양한 업종에 대한 많은 정보 획득과 이를 지원동기에 잘 녹여내기 위한 과정이 너무 많아진다. 때문에 지금까지 내가 경험한 업종을 고려해볼 때, 앞으로 '나의 미래 직장은 이 업종이어야겠다'라는 업종 최소화 전략이 필요한 것이다. 모 대학교에서 지원회사의 '지원동기'만을 작성하기 위한 1일 지도과정에서 나온 지원동기를 소개해보겠다. 〈그림 2 참고〉

경영학을 전공하고 하나투어 OP직무에 지원한 지원자는 지금까지의 여행사 실태를 보니 대부분의 여행상품이 내국민들을 해외에 내보내는 국외 여행상품에만 주력하고 있음을 알게 되었다. 당시 많은 중국인과 일

경영학	식품공학
하나투어 - OP	냉동만두제조 - QC
국내 여행상품 활성화	러시아/동남아 선호 냉동만두소의 품질

본인의 국내 여행자가 많음을 알고 이 지원자는 하나투어에 지원하는 본인의 지원동기를 '중국인과 일본인 그리고 다양한 동남아시아인들에게 국내 여행상품 소개를 통한 외화 획득에 기여'라는 내용을 담았다.

또 다른 지원자는 식품공학을 전공하고 냉동만두 제조회사의 품질관리(QC)를 지원하였는데, 러시아와 동남아시아인들이 우리나라의 만두를 매우 좋아함을 알고, '러시아와 동남아시아인들의 기호에 맞는 만두소를 통한 제품 품질 경쟁력 향상에 기여'라는 지원동기를 제시하였다. 이 지원자들의 지원동기를 보면 다른 회사에서는 결코 담아낼 수 없는 그 지원회사만의 지원동기임을 알 수 있다. 이처럼 호감이 가는 지원동기를 제시하기 위해서는 많은 정보의 획득이 선결되어야 한다. 다양한 업종을 지원하고자 한다면 그에 상응하는 수많은 시간과 노력이 필요하기 때문에 '지원업종의 최소화 전략'을 강조하는 것이다. (이상의 1일 지도과정을 통해 지원동기를 담아내기 위해서는 오랜 시간의 정보 검색과 조사과정이 있었음을 다시 한 번 밝혀둔다.)

취업선배들이 들려주는
합격을 위한 희망분야별 공략법

취업 전략도 벤치마킹이 필요하다

갈수록 좁아지고 어려워지는 취업의 문! 그 문을 통과하기 위해서는 누구나 준비하는 일반적 방법이 아닌 자신만의 강점을 돋보이게 만들 취업 전략이 필요하다는 것은 지원자라면 누구나 알고 있다. 하지만 어떻게 자신에게 맞고, 기업에게 어필 가능할지에 대해서는 의문이 들기 마련이다. 무작정 덤벼드는 것보다는 취업에 성공한 사람들의 성공노하우를 참고해서 자신에게 맞게 가공하는 것이 필요하다. 원하는 직무에 취업한 사람들은 기업이 원하는 모습을 갖췄다는 것이다. 따라서 그들의 준비 전략은 자신만의 취업 전략을 세우는데 이정표의 역할을 할 것이다. 저자는 본 글을 쓰면서 지난 시즌 지도한 취업성공자를 만나 그들의 이야기를 들어보았다. 취업성공의 전략과 자신들만의 특별한 노하우는 무엇이었는지에 대해 물어보았다.

환상이 아닌 실제 직무를 이해하라

취업에 성공한 이들이 공통적으로 말하는 취업 전략이 있었다. 직무에 대한 철저한 분석이 선행되어야 한다는 것이다. 단순히 직무의 표면적인 정보만 알고 환상을 가지고 준비하기보다는 직무의 실제 업무를 파악하고, 직무 수행에 필요한 역량을 경험을 통해 어필하라고 말한다. 대부분의 취업준비생들이 성격과 경험만을 어필할 때, 자신들은 직무에서 수행하는 업무를 세부적으로 분류했고 업무 수행에 필요한 역량이 무엇인지 스스로 고민했다고 한다. 그리고 가장 많이 활용되는 역량을 추출하고, 자신의 경험에서 어필할 수 있는지를 고민했다고 한다. 취업준비생들에게도 직무 수행 내용을 이해하고 자신의 강점을 어필하라고 강조했다.

직무별 자신만의 필살기로는 다음과 같은 키워드를 뽑았다.

○○기업 마케팅 직무 입사자 A군 : 분석능력

저는 마케팅 직무에서 요구되는 분석능력을 강조했습니다. 전공수업에서 진행된 과제에서 분석기법을 사용하여 전략을 도출한 경험을 어필했습니다. 마케팅 직무에서는 기획적인 업무를 많이 수행하게 되는데, 분석기법을 활용할 수 있는 것이 도움이 되었습니다.

○○기업 영업 직무 입사자 B 군 : 프레젠테이션능력

영업은 커뮤니케이션능력이 중요합니다. 그중에서도 저는 프레젠테이션능력을 어필했습니다. 실제 업무는 프레젠테이션으로 시작해서 프레젠테이션으로 끝이 납니다. 단순히 발표한 것이 아니라 상대방이 원하는 프레젠테이션을 준비하는 것이 영업 직무에서는 중요하다 할 수 있습니다. 저는 수업시간 발표를 준비하면서 청중분석을 하여 그들이 원하는 발표와 형식 등을 고려하고 반복 연습한 경험을 어필했습니다.

○○기업 생산기술 직무 입사자 C군 : 생산공정에 대한 이해와 개선의식

저는 생산공정의 프로세스를 파악하는 것을 우선했습니다. 인턴 경험 시 현장에서 본 생산공정을 토대로 프로세스별 요구역량을 정리하고, 학교에서 배운 전공과 연계시켜 설명하려 했습니다. 그리고 팀프로젝트 경험에서 비효율적인 부분을 파악하고 개선하려는 노력을 어필했는데, 입사 후 이 부분이 좋은 평가를 받았다고 들었습니다.

○○기업 회계 직무 입사자 D양 : 자료의 정리와 분류

회계 직무에 지원하는 사람들은 꼼꼼함과 회계적인 지식을 강조하는데, 저는 자료를 정리하고 활용도를 높일 수 있는 색인작업을 강조했습니다. 동아리에서 축제를 준비하면서 작성된 서류와 영수증철을 활용도, 중요도에 따라 분류했던 경험을 어필했습니다. 회계 업무는 여러 서류철과 파일들을 관리하고 활용하는데, 이때 필요한 정리능력과 분류능력이 중요합니다.

인터뷰한 이들의 방법이 모든 사람에게 정답으로 적용될 수는 없다. 합격자 자신만의 노하우이기에 참고하여 보면 좋을 듯하다. 이들의 직무 필살기 전략을 종합해보면, 직무 수행과정 중 필요한 역량을 키워드화 하여 강조하면서 자신을 각인시켰다는 공통점이 있다. 자신만의 취업 전략은 해당 직무에서 자신이 적임자임을 강조하는 것이다. 단순히 스펙만을 준비하는 것이 아니라 직무에서 활용할 수 있는 지식과 기술 등을 강조하여야 한다. "기업이 원하는 능력 있는 사람은 배워서 아는 사람이 아니라 배워서 할 줄 아는 사람이다."

서류전형의 가능성을 높이려면 무엇을 준비해야 할까?

아무도 알려주지 않는 기업의 서류전형 방법!

기업에서 신입사원을 채용하는 전형절차를 보면 일반적으로 '서류전형 → 인·적성검사(공기업의 경우, 필기시험) → 면접전형 → 신체검사 → 최종합격'이라는 과정을 거치게 된다. 만약에 여러분이 A기업의 채용담당자라면 서류전형을 어떤 방법으로 하는 것이 가장 효율적일까?

아래 내용은 모 기업에서 일어난 실제 사례이다. 경력직 사원에 대한 서류 검토를 인사부서에서 해당 부서에 의뢰했는데 현업 파트장이 2년차 사원에게 1차적으로 '같이 일하고 싶은 사람을 우선 검토해서 선별해 보라'고 지시한 내용에 대해 2년차 사원 가족 간에 주고받은 카톡 내용이다. 극단적인 사례이기는 하지만, 기업의 채용과정을 보면 나름 말 못할 많은 고민도 있다는 것을 반증해주는 내용이기도 하다.

그렇다면 일반적으로 기업에서는 서류전형을 어떠한 방법으로 할까? 과연 나의 자기소개서를 100% 읽기는 하는 것일까? 물론 자기소개서를 읽기는 한다. 그러나 나의 자기소개서가 읽혀지기까지에는 많은 과정과

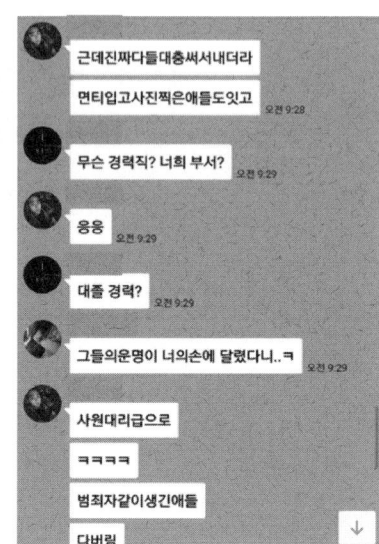

절차를 거친 후에야 가능하다고 할 수 있다. 한마디로, 자기소개서가 읽혀지기 위해서는 기본적으로 요구되는 소위 '스펙'이라는 것이 이력서 상에 표현되어 있어야 한다라는 점이다.

수백대 일의 경쟁 속에서 수만 장, 수십만 장이나 되는 모든 입사지원서를 인사부서에서 어떻게 일일이 읽을 수가 있겠는가? 절대적인 시간이 턱 없이 부족하기 때문에 지원자의 서류를 정량화하는 작업이 서류전형의 첫 시작이 되는 것이다. 그럼, 지금부터는 나의 준비된 스펙을 평가해 보는 시간을 가져보도록 하자!

나의 스펙을 평가해보자!

다음의 〈표 1. 나의 입사지원서 평가표〉를 보면 평가항목이 크게 '지식평가 요소, 기술평가 요소, 역량평가 요소'의 3항목으로 구분되어 있고, 각각의 평가항목은 5개 평가 요소로 구성되어 있다. 여러분이 지금까지 준

나의 입사지원서 평가표(이력서+자기소개서)

평가항목	평가요소	배점	평가점수	의견
1. 지식평가 요소	학력	5		
	학점	5		
	어학	5		
	직무와 전공관련성	5		
	가산점(학력, 부전공, 외국대학 등)	5		
	소 계	25		
2. 기술평가 요소 (숙련활동)	직무관련 인턴	5		
	직무관련 자격증 및 인증	5		
	직무관련 교육 & 연수	5		
	직무관련 현장실습 & 경험, 숙련	5		
	가산점(기타 직무관련 숙련 사항)	5		
	소 계	25		
3. 역량평가 요소 (성과요소)	직무관련 경력사항	5		
	직무관련 project & 산학 참여활동	5		
	직무관련 활동 성과(공모전, 포상 등)	5		
	자기계발 활동 성과, 사회활동 성과	5		
	가산점(글로벌 역량, 차별점 등)	5		
	소 계	25		
총 계		75		

한국취업컨설턴트협회 제공

비해 온 '취업 준비도 평가'를 다음과 같은 순서대로 한번 해보도록 하자.

첫째, 각각의 평가 요소마다 5점 만점으로 해서 자신의 해당되는 점수를 부여해본다. 단, 본인의 점수를 소수점 첫째자리까지 부여한다. (부여 점수를 타인과 비교하지는 마라. 왜냐하면 본인과 타인은 평가척도가 다르기 때문에 타인의 평가에는 신경 쓸 필요가 없다.)

둘째, 3개의 평가항목마다의 소계와 총계를 계산한다.

셋째, 3개 평가항목인 지식평가 요소, 기술평가 요소, 역량평가 요소의 소계 점수를 확인해본다.

자! 나의 지식평가 요소와 기술평가 요소와 역량평가 요소의 점수가 어떻게 나왔는가? 혹시 점수 차이가 많이 발생하지는 않았는가? 특히, 지식평가 요소 점수만이 다른 항목에 비해 상대적으로 유독 높지는 않은가? 왜 그럴까? 다음과 같은 질문에 답을 해보자!

- 지식평가 항목의 평가 요소 5개 항목은 이력서에 기록이 되는가?
- 기술평가 항목의 평가 요소 5개 항목은 이력서에 기록이 되는가?
- 역량평가 항목의 평가 요소 5개 항목은 이력서에 기록이 되는가?

기록이 안 되는 항목이 있는가? 위의 평가 요소 25개 항목은 나에게 해당이 되는 항목이라면 이력서에 모두 다 기록이 될 것이다. 일반적으로 기업에서는 이와 같은 항목으로 여러분의 입사지원서에 대한 서류전형을 정량화해서 1등부터 꼴찌까지 서열을 매겨 적정 수준에서 커트라인을 정하고, 그 커트라인에 들어간 입사지원서에 한해서 지원자의 자기소개서를 읽게 되는 것이다.

다시 한 번 나의 평가 점수를 들여다보자! 분명히 상기 평가 요소 25개 항목이 다 기록이 되는데, 나의 점수는 왜 지식평가 점수만 상대적으로 높은 걸까? 그런 지원자라면 서류전형에서의 합격가능성은 높지 않다고 보아야 할 것이다. 기술평가 요소와 역량평가 요소도 이력서에 전부 기록되는데, 나는 그 평가 요소에 많은 점수를 얻지 못했기 때문이다. 그리고 좀 더 유심히 들여다봐라! 기술평가 요소와 역량평가 요소는 무엇을 요구하고 있나? 바로 '직무에 관련한 ○○○'인 것이다.

결론적으로 말하면, '지원직무에 대한 일관성 있는 경험이 곧 스펙이다'라는 것을 다시 한 번 명심해야 할 것이다.

나의 경험에 대한 차별화 포인트를 어떻게 만들 것인가?

왜! 기업에서는 채용전형에서 입사 서류와 면접을 실시하면서 지원자의 '경험'을 확인하려는 것일까? 기업에서는 지원자를 본 적도 없고 별달리 평가할 객관적인 수단이 없기 때문이다. 그렇기 때문에 지원자를 알고자 하는 내용에 대해 지원자의 과거를 통해서 '아! 이 지원자는 이런 상황에서는 이러한 행동을 하는 것을 보니, 앞으로 입사해서도 이러한 상황이라면 이렇게 행동을 하겠네!'라고 미래의 지원자 행위·행동을 유추해보고자 '경험'의 이야기를 듣고 싶어 하는 것이다. 그렇다면 나의 경험을 지원회사의 입사 서류와 면접에 어떻게 반영해야만 할 것인지 생각해보자.

경험을 통해 드러내고자 하는 것이 무엇일까?

우선 일반적인 '영업·영업관리' 직무에 대해 알아보자. 영업·영업관리의 주요 직무(Job)는 '고객과 시장의 접점에서 회사 제품 또는 서비스에 대한 영업 및 영업관리활동을 전개하고 고객만족 실현과 판매 촉진을 통해 회사의 수익창출에 직접적인 역할을 수행하는 것'이다. 이러한 활동을

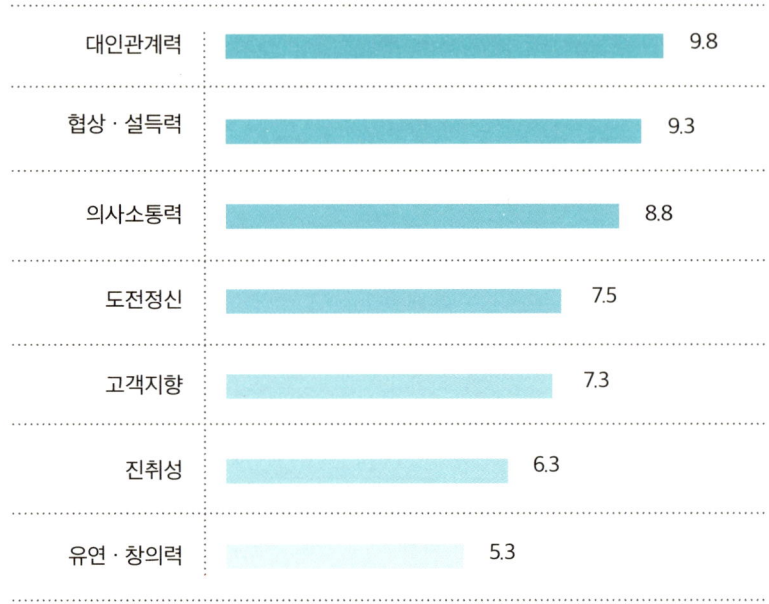

● 그림 3. 영업/영업관리 필요역량

필요도(10점 척도기준)

대인관계력	9.8
협상 · 설득력	9.3
의사소통력	8.8
도전정신	7.5
고객지향	7.3
진취성	6.3
유연 · 창의력	5.3

위한 구체적인 역할(Role)은 '영업계획 수립, 영업활동 및 실적관리, 고객·거래선관리, 신규시장 개척 및 고객 발굴, 상품정보 수집·공유' 등으로 설명할 수 있다. 그렇다면 이러한 역할을 잘 수행해낼 수 있도록 하기 위한 역량(Competency)에는 무엇이 필요할까? 영업·영업관리 직무 수행에 필요한 역량으로 대인관계력, 협상·설득력, 의사소통력 등이 필요함을 알 수 있다〈그림 3. 참고〉

이처럼 하나의 직무(Job) 수행을 위해서는 역할(Role)이 필요하고, 이러한 역할을 남달리 잘 수행하기 위해서는 그 직무 수행에 필요한 역량(Competency)이 선결되어야 한다. 만약 회계 직무를 하고자 한다면 그에 맞는 또 다른 역량이 필요할 것이다.

나만의 스토리텔링을 어떻게 만들어야 할까?

'나의 경험을 통해 지원직무에 필요한 나의 역량을 강조하는 것이 최우선'이다. 대부분의 대학생들이 대학에 입학하자마자 '졸업 후에 무엇을 하겠다'라고 본인의 진로를 정하고, 그에 맞도록 전략적인 취업 준비를 하는 학생은 거의 없을 것이다. 심지어 4학년 2학기가 다 지나가는데도 '무슨 일을 하지?'라는 막연한 생각에 그치고 있는 취업준비생들을 수없이 봐왔다. 이러한 일반적인 취업준비생들의 현실을 감안해볼 때, 지원하는 회사의 직무에 걸맞도록 나를 어떻게 어필할 수 있을 것인가?

가장 이상적인 방법은 지원하고자 하는 회사와 동일한 업종에서, 지원 직무에 관련한 직접적인 경험(예를 들면 인턴, 현장실습, 아르바이트 등)을 하고, 그 경험을 입사지원서와 면접에서 유용하게 잘 활용한다면 그만한 금상첨화는 없을 것이다. 그러나 이처럼 일맥상통하게 준비를 하는 취업준비생들은 많지 않다. 가장 무난하게 경험하는 '커피숍이나 PC방 아르바이트 사례'를 통해 본인이 지원하고자 하는 회사의 지원직무에 걸맞게 나의 이야기를 어떻게 할지에 대해서 알아보도록 하자. (지원회사는 식품 회사, 지원직무는 영업이라고 가정한다)

커피숍에서 일을 하다 보면, 그곳에 찾아오는 많은 손님을 맞이하게 된다. 어느 날, 엄마와 함께 세 살배기 어린아이가 같이 내점하였다. 어린아이가 커피숍 내의 분위기가 어색하였는지 계속 칭얼대고 울기를 반복하다 보니 주변에 있는 고객들의 눈초리가 썩 편안해 보이지는 않는다. 그래서 마침 가지고 있던 사탕이 있어서 그 어린아이에게 사탕을 주고 달램으로써 그 상황을 잘 마무리할 수 있었다. 그리고 PC방 아르바이트를 하다 보면, 중·고등학생들이 게임을 하기 위해 자주 방문하게 된다. 게임에만 몰두하는 것이 아니고 시장기를 해결하기 위해 "형(아저씨)! 여기 라면 한 그릇 주세요!(그것도 담배 한 개피 꼬나물고)"라는 상황에 직면하다 보면 기분이 참 묘할 것이다.

이상의 아르바이트를 하면서 다반사로 일어날 수 있는 2가지 상황 속에서 아르바이트생은 무엇을 배우고, 무엇을 느꼈을까? 서두에서 말했듯이, 영업·영업관리의 주요 직무(Job)는 '고객과 시장의 접점에서 회사 제품 또는 서비스에 대한 영업 및 영업관리활동 전개 및 시장의 접점에서 고객만족 실현과 판매 촉진을 통해 회사 수익창출에의 직접적 역할 수행'을 하는 것이다.

특히, 영업·영업관리의 직무 역할 중 '고객과 시장의 접점'이라는 부문에 주목할 필요가 있다. 아르바이트를 하면서 느끼고 배운 점이 다를 수도 있겠지만, 해당 경험은 다음과 같이 작성할 수 있을 것이다. 커피숍 아르바이트에서는 '위기상황에서의 대처능력'을, 그리고 PC방 아르바이트에서는 어린아이지만 고객이기 때문에 '고객은 왕이라는 개념을 다시 한번 새길 수 있는 경험'을 통해 '내가 이러이러한 역량을 키울 수 있었던 좋은 경험의 계기가 되었다'는 점만 잘 표현해낸다면 그것으로 그만이다.

여기서 중요한 점 한 가지만 강조하자! 지금까지 본인이 경험한 소재를 자기소개서에 담되 단순한 경험의 소개가 아닌, 그 경험을 통해 '본인의 지원직무 수행에 필요한 어떠한 역량을 키울 수 있었다'라는 점을 명확히 해야 한다. 여러분이 지원하는 회사의 자기소개서 항목에 단순한 나의 경험 나열에 불과한 소재를 담았다면, 지원회사 입장에서의 그 소재는 아무런 의미가 없는 것이기 때문이다.

나의 취업과
기업 인재상과의 상관관계는?

모든 취업컨설턴트들이 취업준비생들을 지도하면서 갖고 있는 목표는 한결 같다. 바로 '취업준비생들의 취업'이다. 다만 취업컨설턴트마다 취업준비생들을 지도하는 방법은 다양할 수밖에 없다. 왜냐하면 취업컨설턴트마다 가지고 있는 기본적인 사고방식, 지도방법, 경험의 대소유무 등이 다르기 때문이다. 이 중에서 특히, 기업의 '인재상'을 채용전형 상의 어디에서, 어떻게 반영할 것인가 하는 문제는 취업컨설턴트마다 하는 이야기가 전부 다르다.

저자는 '나의 취업과 기업 인재상'과의 관계를 어디에서, 어떻게 반영해야만 할 것인지에 대해 이야기하고자 한다. 중요한 것은 저자의 말이 맞을 수도 있고, 틀릴 수도 있다는 것이다. 저자 주장의 옳고 그름은 본서를 읽고 있는 독자 본인이 자기중심을 잘 잡고 올바른 판단으로 이해해주기를 바라는 마음 뿐이다.

삼성그룹 인재상

몰입, 창조, 소통의 가치 창조인

• 열정과 몰입으로 미래에 도전하는 인재   • 학습과 창조로 세상을 변화시키는 인재

• 열린마음으로 소통하고 협업하는 인재

기업의 인재상은 무엇을 의미하나?

인재상이란 '회사의 미션을 수행하고 비전을 달성하기 위하여 구성원들에게 요구되는 현재 및 미래의 바람직한 모습'을 말한다. 인재상은 직원들의 의식, 사고 및 행동을 회사의 비전과 전략방향으로 이끌어가는 이정표 역할을 수행한다. 그리고 '채용 시 어떤 인재를 뽑아야 하는 부분에서 기준'이 되는 것이기도 하다. 그렇다면 기업에서는 채용 시 인재상을 어떻게 활용하고 있을까? 우선, 삼성그룹과 현대자동차그룹의 인재상을 알아보자〈그림 4, 그림 5 참고〉

다시 한 번 인재상의 정의를 보도록 하자. 인재상이란, '회사의 미션을 수행하고 비전을 달성하기 위하여 구성원들에게 요구되는 현재 및 미래의 바람직한 모습'이다. 다시 말해서 '기업에서 요구되는 인재에 대한 바람직한 모습으로써 이정표 역할을 수행하는 것'이 인재상이다. 많은 취업컨설턴트들은 이러한 인재상을 지원기업의 입사지원서와 면접전형에 잘 반영하라는 말을 강조하지만 저자의 견해는 조금 다르다.

인재상을 자기소개서와 면접에 녹여내야 한다?

저자가 강조하고자 하는 것은 채용 전형절차상 서류전형과 면접전형은 본인이 지원하고자 하는 지원직무에 맞는 역할을 제대로 이해하고, 그 직무 수행에 필요한 역량을 본인의 경험을 토대로 잘 반영하면 된다. 반

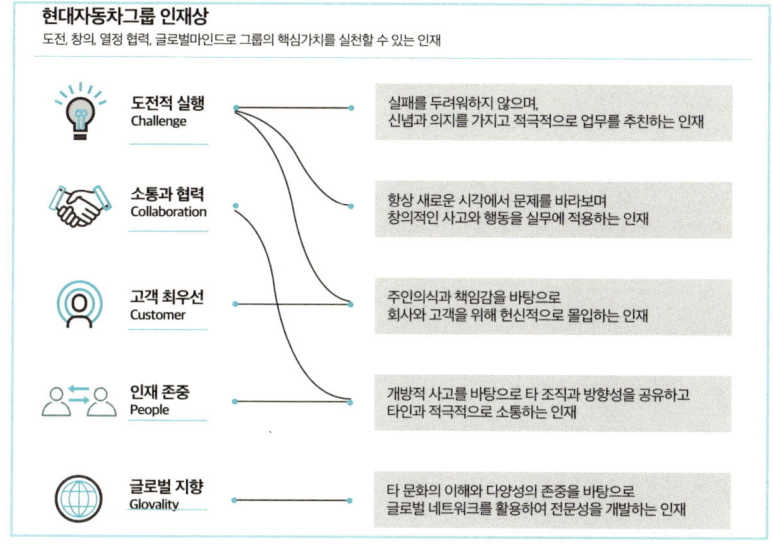

현대자동차그룹 인재상
도전, 창의, 열정 협력, 글로벌마인드로 그룹의 핵심가치를 실천할 수 있는 인재

도전적 실행 Challenge	실패를 두려워하지 않으며, 신념과 의지를 가지고 적극적으로 업무를 추진하는 인재
소통과 협력 Collaboration	항상 새로운 시각에서 문제를 바라보며 창의적인 사고와 행동을 실무에 적용하는 인재
고객 최우선 Customer	주인의식과 책임감을 바탕으로 회사와 고객을 위해 헌신적으로 몰입하는 인재
인재 존중 People	개방적 사고를 바탕으로 타 조직과 방향성을 공유하고 타인과 적극적으로 소통하는 인재
글로벌 지향 Glovality	타 문화의 이해와 다양성의 존중을 바탕으로 글로벌 네트워크를 활용하여 전문성을 개발하는 인재

면에 인재상은 인·적성검사 단계에서 '회사의 인재상과 조직문화에 걸맞는 모습으로의 자기 자신을 어떻게 잘 드러낼 것인가를 고민하는 것이 맞다'는 점을 강조하고 싶다.

단, 예외사항은 있다. 지원회사의 자기소개서 항목 중에서 '〈한국가스공사 인재상〉 KOGAS에서 중요하게 생각하는 인재상은 다음과 같다. 1)미래에 도전하고 변화를 선도하는 사람 2)믿고 협력하여 공동의 성공을 실현하는 사람 3)자기 분야의 최고를 추구하는 사람, 3가지 인재상 중 자신과 가장 부합된다고 생각하는 인재상을 하나 선택하여, 구체적인 사례를 포함하여 그렇게 생각하는 이유를 기술하여 주십시오(500자 이내)'와 같이 지원회사의 인재상에 대해 묻는 자기소개서 질문이 있다. 이런 경우는, 지원회사의 인재상에 부합될 수 있도록 자신의 경험을 토대로 잘 드러내야 할 것이다. 〈작성사례 1. 참고〉

● **작성 사례 1**

문제의식을 통해 달성한 용량 초과 해소

팀 목표 달성을 위해서는 과정상의 문제점에 대한 정의와 다양한 시도로 해결하려는 자세가 필요하다고 생각합니다. 전공 프로젝트를 진행하면서 실패했지만, 문제의식의 중요성을 깨달았습니다. 팀의 성공을 위해 믿고 협력하는 KOGAS 인재상에 부합한다고 생각합니다.(이하 생략)

위 작성 사례의 아쉬운 점은 본인이 선택한 인재상에 자신이 왜 부합하는지 사례를 제시하며 설명하고 있으나 너무 추상적이라서 논리적인 동의를 이끌어내기에는 많이 부족하다는 면에 있다. 다음과 같이 구체적인 사례가 필요하다.

● **수정**

미래에 도전하여, 변화를 선도하는 사람이 저와 가장 부합한다고 생각하는 이유는 최저 인원의 동아리를 교내 Top 3 규모의 동아리로 키웠던 경험, 최소의 비용으로 최대의 효과를 기록했던 교내 모금행사 경험 등 지금까지 성과를 만든 모든 경험이 저의 도전적이고 변화를 선도하는 특징이 큰 역할을 했기 때문입니다. 그 중에서 가장 자랑스러운 경험은 ~~~입니다.

또한 이와 관련한 저자의 주장을 뒷받침하는 아래의 관련기사를 참고해보기 바란다.

"CJ는 인성검사 비중이 높다. 유형도 다양하다. 면접과도 관련성이 높으므로 CJ 인재상과 자신이 어떤 연관성이 있는지를 고민해볼 필요가 있다.'
'아울러 삼성 채용의 특이한 점은 인성검사를 면접 보기 전에 CBT 방식(컴퓨터로 검사를 응시하는 방식)으로 실시한다는 점이다. 인성검사가 끝나면 바로

결과가 면접관한테 송부되서 인성검사 결과를 바탕으로 임원면접을 진행한다.'

'현대차 필기전형의 가장 큰 특징은 인성검사에 있다. 일반적으로 채용 시 인성검사로 불합격하는 인원은 5~25% 수준으로 알려져 있다. 나머지 인원은 적성검사로 불합격한다. 현대차에서는 무려 50% 이상이 인성검사만으로 불합격하는 것으로 알려져 있다. 즉, 적성검사(HMAT)보다 인성검사가 더 중요하다. 작년 하반기 공채부터는 기존에 실시하던 채용 인성검사와 함께 정신병질을 측정하는 MMPI류의 인성검사도 실시하고 있다. 대기업 중 유일하게 인성검사를 2개나 실시하고 있다. 면접도 인성검사 결과에 따라 유형을 분리해서 질문도 다르게 진행한다. 그러므로 현대차의 채용 구조 핵심은 인성검사라고 할 수 있다.'

'구직자들의 스펙이 상향 평준화되면서 기업들은 최근 채용 때 인성적인 부분을 더 중요하게 여기고 있습니다. 인성검사에서 불합격하면 적성검사의 성적이 아무리 좋더라도 탈락시키는 이유입니다."

('17. 3. 26. 〈한국경제신문〉 기사 인용하여 발췌)

정보는 수집보다 분석이 중요하다

취업 정보 습득은 타인과 차별화된 정보의 수집으로

한정된 취업시장에서 넘쳐나는 경쟁자들과의 경쟁을 이겨내기 위해서는 자신만의 전략이 가장 중요하다. 예전엔 얼마나 많은 정보를 습득하느냐가 취업 전략의 가장 중요한 요소였지만 인터넷의 발달로 정보 습득은 누구나 할 수 있는 영역이 됐다. 이제는 얼마나 차별화된 정보를 가지고 활용할 수 있는가가 가장 중요한 전략으로 자리 잡아 가고 있다.

취업 정보는 취업에 필요한 모든 정보를 최대한 수집하는 것으로부터 시작된다. 기업과 업계에 관련된 내용, 사업과 제품에 관련된 내용, 직무에 관련된 내용, 채용 프로세스별 평가사항 등 확인하고 정리해야 할 것들이 너무나 많은 것이 현실이다. 정보를 수집하는데 있어서 소요되는 시간과 노력, 쌓이는 정보를 보고 취업준비생은 자신이 많은 준비를 했다고 위안을 삼기도 하고, 취업에 필요한 역량을 많이 준비했다고 착각하기도 한다.

어떻게 정보를 수집할 것인가?

서울 중위권 대학을 졸업한 A군의 사례를 보자. 경영학을 전공한 A군은 어학성적도 상위권이었고 인턴 등 다양한 활동을 하면서 마케팅 직무를 준비하는 학생이었다. 그런데 졸업 후 1년이 경과하도록 취업을 못하고 있었다.

상담을 진행할 때 준비했던 내용들을 가져와 보라고 했는데, 저자도 놀랄 만큼 많은 기업들의 마케팅 관련 내용과 마케팅 직무분석 자료를 가져왔다. 바인더 5권에 해당하는 분량이었다. 많은 정보를 수집하고 준비하였음에도 취업이라는 결과를 만들지 못했던 것이다. 실패 원인은 자기소개서와 면접 준비 내용을 확인하는 과정에서 발견할 수 있었다. 많은 정보를 수집했음에도 불구하고 활용이 안 되었다는 것이다. 자기소개서와 면접 답변의 내용에는 '알고 있다'라는 부분만 기재되었을 뿐, 지원기업이 업계에서 어떤 강점과 약점을 가지고 있는지에 대한 분석은 이뤄지지 않았다. 직무역량적인 부분에서도 인턴 등 '다양한 경험을 해봤다'는 결과만 말하고 있었다. 결과적으로 정보의 나열만 있을 뿐 분석적인 부분에 대한 내용이 부족했던 사례였다.

정보를 수집한다는 것은 활용하기 위한 것이다. 위의 사례에서 본 A군처럼 많은 지원자들이 수집에만 열을 올릴 뿐 활용이라는 부분에 미흡한 점을 보이고 있는 것이 현실인 것이다.

정보분석, 팩트에 생각을 연결시키는 것

분석이란, 사전적인 의미로는 '얽혀 있는 것을 풀어서 개별적인 요소나 성질로 나누는 것'을 의미한다. 다시 말하면, 활용하기 쉽게 나누는 것을 의미한다. 많은 정보들을 어떻게 분류하고, 활용할지에 대한 계획을 세우는 것이라 할 수 있다.

그렇다면 '분석을 하는 방법은 무엇일까?'라는 고민을 하게 될 것이다.

기본적인 분석방법은 '팩트'에 '생각'을 연결시키는 것이다. 하지만 취업준비생 입장에서 생각을 연결시키는 것은 추상적일 뿐 구체화시키는데 한계를 가질 수밖에 없다. 효과적인 분석방법은 기업이 사용하는 분석기법의 활용이다. SWOT분석, 4P분석, 3C분석, Value Chain분석, 로직트리 등의 분석 툴을 사용하면 보다 효과적으로 정보를 활용할 수 있다. 합격을 하는 지원자들은 이러한 분석적 요소를 잘 사용한다. 경제와 산업이 지원기업에게 주는 영향, 기업의 산업 내에서의 강, 약점 등을 제시하면서 전략을 제시한다. 그리고 자신이 지원한 직무에서 어떻게 역할을 수행할지에 대해 제시하기도 한다. 한 취업준비생의 기업분석 사례를 살펴보도록 하자.

중국 내 사드 배치로 인하여 중국 내 한국제품의 불매운동이 거세지고 있다. 하지만 우리 기업은 이미 중국 내 많은 충성고객층을 가지고 있다. 그래서 한국브랜드라는 것보다 제품의 우수성을 강조한 광고를 한다면 충성고객층을 계속 유지할 수 있을 것이다. 이를 위해 마케팅부서에서 한류스타를 활용한 광고를 지양하고, 바이럴 마케팅 전략으로 전환해야 한다. 중국 내 바이럴 마케팅 채널을 확보하고 전파시키겠다.

이 학생은 이런 식의 분석을 통해 기업에 대한 전략을 도출해내고 있다. 추상적인 생각에 추상적이 계획이 아닌, 기준에 의한 분류와 그에 맞는 문제점 도출과 전략 수립으로 비즈니스적 사고를 지닌 인재로 보여야 함은 당연한 것이다. 특히, 이공계 전공자의 경우 전공지식의 보유만 강조할 것이 아니라 비즈니스적 사고를 할 수 있다는 것을 보여준다면 유리한 고지를 선점할 수 있을 것이다. 이처럼 기업에서 활용되고 있는 기본적 분석기법에 익숙해지기를 바란다.

수집된 정보를 활용하는 방법

정보는 수집도 중요하지만 활용하기 위해 필요하다. 자신에게 유리한 정보, 자신을 돋보이게 만들 수 있는 사례 등을 적절하게 표현하고 제시할 수 있도록 가공하는 능력, 그것이 바로 분석능력이다.

어떤 정보를 어떻게 활용할지에 대한 기준을 미리 만들어 놓으면, 수집부터 분석, 전략 수립이 가능해질 것이다. 기업분석은 외부적 요소와 내부적 요소로 구분하여 분류하여 분석하고, 직무는 본인의 강점과 약점 등으로 기준을 나눈다면 보다 효율적인 정보관리가 될 것이다.

많은 지원자들은 자신이 분석적능력이 뛰어나다고 자랑한다. 하지만 분석보다는 수집만 잘할 뿐이다. 어떤 기준에 의해서 자료를 수집하고 분석하는지에 대한 부분이 부족하다. 이럴수록 정보에 대한 분석적능력을 키우고 활용한다면, 기업은 지원자인 당신을 분석적 사고를 통한 전략 수립이 가능한 인재로 인정하게 되어 보다 합격의 기준에 다가설 수 있을 것이다.

다시 한 번 생각해보자. 지금까지 정보 수집에만 매진했는지, 수집된 정보의 분석을 통한 전략을 수립하는 데 신경을 썼는지 스스로에게 물어보기를 바란다.

기업에서 인·적성검사를 실시하는 이유는 뭘까?

지원하는 우선기업의 인·적성검사를 준비하라

채용 전형 절차상에 대부분의 대기업들은 인·적성검사과정이 있다. 그러나 각 기업마다 접근하는 유형은 조금씩 다르다. 따라서 본인의 입사 우선기업에서 실시하고 있는 인·적성검사를 중심으로 시중에 발간된 2~3개 출판사의 서적을 구입해서 중점적으로 준비하고, 타 기업의 인·적성검사를 보완해가는 방법으로 준비하는 것이 가장 효과적인 방법이 될 것이다. 이러한 인·적성검사가 왜 필요한 것인지, 그리고 인·적성검사를 잘 보는 요령은 무엇인지에 대해 알아보도록 하겠다.

서류전형 절차에 인·적성검사가 왜 있을까?

최근 채용과정에서 학벌 등의 조건이 폐지되거나 완화되면서 면접과 함께 인·적성검사에 대한 비중이 높아지고 있는 추세이다. 필기시험의 대체수단으로 활용되는 것은 물론 면접이나 채용 후 부서 배치에도 중요한 잣대가 되고 있다. 핵심인재가 기업의 성패를 좌우하는 지금, 자사에 맞는 적합한 인재를 선발해서 적재적소에 인재를 활용하는 것은 기업의 입장에서 매우 중요한 일이다. 즉, 기업에서는 각 분야에 적절한 능력과 자질을 갖추고, 그 기업의 문화와 특성에 맞는 인재를 뽑기 위해 인·적성검사를 실시하고 있다. 그러나 취업준비생의 입장에서는 기업마다 내용이 제각각 다르고 평가 기준도 모호해서 준비하기가 여간 어렵지 않다. 오히려 인·적성검사를 채용과정상의 하나의 시험으로 인식하기보다는, 자신이 희망하는 기업에서 요구하는 인성과 직무적성에 자신이 적합한 사람인지 스스로도 검토해본다는 데서 의의를 찾아야만 할지도 모른다.

기업이 필요로 하는 인재는 능력도 뛰어나야 하지만 좋은 성품을 갖고 다른 사람들과 잘 융화할 수 있는 사람이어야 한다. 기업마다 적합한 인재를 선발하기 위해서 기업이 바라는 인재상을 설정하고, 그 기준에 맞는 인재를 발굴하기 위해 다양한 채용방법을 채택하고 있다. 궁극적으로, 인성검사와 직무능력검사는 직무와 관련된 지식뿐만 아니라 직무 수행에 적합한 성격, 직업적 흥미, 사회적 가치관 등 개인에게 내재된 여러 특성 요인들을 분석해내고자 하는 것이다. 이를 통해 기업이 원하는 인재를 선발하고 적재적소에 배치하여 능력을 발휘할 수 있도록 돕는 역할을 기본 자료로 활용하고자 인·적성검사를 실시하는 것이다. (구미대학교 취업자료실 자료 일부 발췌)

인성검사도 잘 보는 요령이 있다!

시중의 많은 출판사에서는 인·적성검사와 관련해서 지원회사에 맞는 인·적성검사 관련 책들을 많이 발행하고 있다. 그러나 인·적성검사 책들을 보면 적성검사에 대한 내용이 대부분이다. 적성검사에 대한 정답도 뒷부분에 첨부가 되어 있어서 오답을 확인할 수가 있다. 반면 인성검사에 대한 내용은 소수(많아야 5~6page)의 양이고 적성검사처럼 오답이 있는 것도 아니다. 그럼에도 불구하고, 인성검사에서도 좋은 결과를 얻어낼 수 있는 방법이 있다는 것을 곧 알게 될 것이다.

인성검사는 일반적으로 응답형태에 따라 지원회사의 인재상에 걸맞는 지원자인지와 지원자의 인성이 어떠한지를 알고자 하는 '성격검사'의 일종이다. 채용절차상 인·적성검사를 서류전형 합격자에 한해서 면접 전에 시행하는 것이 일반적이다. 삼성(GSAT)의 경우는 인·적성검사 중에서 인성검사 부분만을 별도로 떼내어서 인성면접에 응시하기 전에 컴퓨터로 인성검사를 치루고 그 결과는 인성면접관에게 피드백 되어 면접 시 활용하는 형태로 운영되고 있다.

일반적으로 '대부분의 취업준비생들이 '인·적성평가'를 정량적 평가라고 인식하지만 기업에서는 정성평가 자료로 활용한다. 인·적성평가 고득점과 합격이 반드시 연결되는 것은 아니다'라고는 하지만, 삼성방식이든 그 외 타사 방식이든 적성검사와 함께 인성검사도 채용전형과정상의 한 단계이다. 때문에 합격에 영향을 줄 수밖에 없는 과정임을 인식하고 좋은 점수를 얻기 위한 노력을 하는 것이 맞다. 이를 좀 더 구체적으로 알아보도록 하자. 과연 인·적성검사를 실시하는 회사의 경우, 어떻게 지원자의 당락을 결정할까? 아래의 기사를 한번 참고해 보기 바란다.

롯데그룹 관계자는 '인·적성검사는 점수로 지원자를 솎아내려는 시험이라기보다는 각 기업의 조직문화에 잘 적응할 수 있는지를 확인하는 절차의 성격이 강하다. 게다가 대부분의 기업이 다양한 직무에 지원한 인재들의 직무적성을 제대로 평가하기 위해 검사의 형식과 내용을 조금씩 변화시키는 추세'라고 밝혔다. (중략)

한 대기업 인사담당자는 적성검사를 치르지 않는 기업이나, 별도의 필기시험이 있어 적성검사를 따로 치르지 않는 직군, 심지어 일부 외국계 기업도 인성검사는 치른다. 각 기업은 인성검사가 지원자들의 인성을 시험하는 절차가 아니라 지원자의 가치관을 엿보기 위한 단순 검사이니까 문제를 푼다기보다는 솔직한

마음으로 답하는 것이 중요하다고 말한다. (중략)

CJ그룹의 인·적성검사에 응시한 송모 씨(26·여)는 '인성검사라지만 채용전형의 일부인 만큼 입사시험이라는 생각을 지울 수 없었다. 그래서 입사를 위해 열심히 준비했다는 것을 어필하기 위해 최대한 기업이 원하는 인재상에 가까운 사람으로 보이도록 인성검사 문항에 답했다'고 밝혔다. 취업준비생 홍모 씨(28)는 '취업 커뮤니티나 인터넷 강의의 팁이 제각각이라 혼란스럽다. 어떤 곳에서는 회사의 인재상을 감안해 자기소개서를 작성하는 것처럼 인성검사도 따로 준비가 필요하다는 곳이 있는 반면 다른 곳에서는 솔직하고 일관성 있게 답변하는 것이 중요하다고 해 헷갈린다'고 말했다.

('17. 4. 15. 기사 발췌)

적성검사의 경우는 명확한 점수가 있어서 고득점자를 우선으로 선발하면 되지만, 인성검사의 경우는 어떠한가? 삼성의 경우 인성검사를 실시하고 나면 직무 수행과 관련이 있는 성격적 특성과 직무 스타일을 알아보기 위해 개인성향, 대인성향, 업무성향으로 구분한다. 특이사항이 있는 지원자의 경우 지원자 개인별 면접조서에 코멘트가 반영되어, 지원직무를 고려한 개인적 성향이 어떠한지 면접관의 질문을 통해서 '직무 수행에 필요한 성격적 특성과 직무 스타일을 판단'하기 위한 목적으로 활용하고 있다.

다른 기업도 이와 마찬가지로 인·적성검사를 통해 지원회사에 걸맞는 지원자인지를 적성검사와 함께 종합적으로 판단하여 당락을 결정하는 것이다. 따라서 인성검사도 일관성 있는 답변, 진실한 응답, 깊이 생각하지 말고 모든 문항을 다 풀기, 자신에게 맞는 기업을 잘 선택해서 기업의 인재상과 조직문화 등을 잘 숙지해서 응시한다면 지원회사의 취업도 그리 험난한 과정은 아닐 것이다.

망하는 취업스터디,
흥하는 취업스터디

취업준비생에게 취업스터디는 선택이 아닌 필수

공채 시즌만 되면 교내 또는 온라인 취업커뮤니티에서 취업스터디 구성원을 모집한다는 공고와 괜찮은 스터디를 찾으려는 취업준비생들로 넘쳐난다. 갈수록 어려워지는 취업 때문인지 혼자서 준비하는 것보다 여럿이 함께 같은 목표를 가지고 준비하면 더욱 효율적이고 취업 준비도 잘 될 것이라는 기대감에서 비롯되었을 것이다. 그만큼 취업 준비에 있어서 '취업스터디'는 선택이 아닌 필수적인 요소로 자리 잡아 가고 있다. 직무별, 지원기업별, 면접유형별, 인·적성 준비 등 종류도 다양하고 커리큘럼도 특색과 독창성을 가지고 있다. 취업준비생 1명이 평균 3개의 취업스터디에 가입되어 있으며, 일주일에 2번 이상 스터디를 진행한다고 한다.

취업스터디에 몰리는 이유는 취업 정보와 취업 기술을 습득하는 과정에서 들어가는 수고와 시간을 줄이고, 취업 준비에 매진하기 위함이다. 하지만 취업에 대한 갈망과 스터디에 대한 기대감으로 시작한 취업스터디가 모두의 기대처럼 성공적인 결과로 이어지는 일명 '취업깡패 스터디'

가 되는 경우는 드물다. 힘들게 만들어진 스터디 중 많은 수가 결성된지 얼마 되지 않아 사라지기도 한다. 취업이라는 본래의 목적을 상실하고, 친목을 도모하는 모임이 되기 일쑤이다.

그렇다면 '망하는 스터디와 흥하는 스터디를 구별하는 방법은 무엇일까'라는 의문이 들 것이다. 사실상 망하는 취업스터디와 흥하는 취업스터디의 외형적 차이를 구별하는 것은 쉬운 일이 아니다. 왜냐하면 둘 다 기본적인 룰, 커리큘럼 등의 요소가 갖춰졌기 때문이다. 그래서 더욱 엄밀히 확인하고 스터디를 선택해야 한다.

망하는 스터디의 첫 번째 특징, '엄격한 룰'의 부재

인터넷 취업카페 A에서 6명으로 결성된 영업마케팅 스터디는 첫 모임에 만나 매주 금요일 저녁 7시에 모임을 가지기로 정하고, 매주 2명이 기업을 분석한 내용을 토대로 스터디를 진행하기로 정하였다. 하지만 모이기로 한 주부터 발표자가 결석하기도 하고, 어떤 주에는 과제를 해오지 않아 잡담만 하다 집으로 돌아가는 경우가 빈번하자 불만을 가진 3명이 탈퇴를 함으로써 자연스럽게 스터디 문을 닫았다.

사례에서 보듯이 가장 큰 원인은 결석자나 과제 미이행자에 대한 조치가 없었다는 것이다. 규칙이야 있었겠지만, 잘 모르는 사람들이 모인 공간이라 강제할 수 없었던 구성원들의 마음도 이해는 된다. 하지만 취업스터디의 목적은 '취업'이다. 취업 준비에 저해되는 구성원 또는 규칙 준수를 강제할 수 있는 엄격한 룰의 적용이 무엇보다 중요하다. 이것이 취업스터디의 성공 여부를 가르는 첫 번째 기준이다.

취업스터디를 정하거나 가입했을 때, 먼저 룰이 정해져 있는지? 위반시 어떤 처벌이 있는지 등을 살펴보아야 한다. 그리고 팀장의 역할을 맡은 리더가 룰을 이행할 수 있는 결단력을 가졌는지도 살펴보아야 한다.

소수인원의 불성실로 인해 피해를 볼 수는 없다. 엄격한 룰의 부재나 리더의 결단력이 없다면 스터디를 나와야 한다. 얻을 게 없다면 남을 필요도 없다. 만약 모집을 주관한 팀장이 결단력이 부족하다면 결단력이 있는 사람이 리더를 맡게 하는 것도 방법이다.

망하는 스터디의 두 번째 특징, '친목의 공간이 되어 버린 스터디'

하반기 공채를 앞두고 매주 금요일 오후에 면접스터디를 주관하는 취업준비생 B씨. 스터디 끝나는 시간이 저녁식사 시간이고, 모임 초기라 구성원들끼리 서먹해 하는 것 같아 식사 겸 술자리를 만들었다. 그 후에도 스터디가 끝나면 자연스럽게 식사와 술자리로 이어졌고, 서로에 대해 잘 알 수 있었다. 심지어 스터디에는 참여하지 않고 술자리에만 참석하는 인원이 있을 정도였다. 하지만 하반기 공채에서 합격한 사람은 아무도 없었고, 스터디 구성원들 간의 연락도 끊어졌다.

사례에서 볼 수 있듯이, 취업 준비라는 본래의 목적을 상실한 전형적인 스터디의 모습이다. 이러한 스터디를 일명 '술터디'라고 부른다. 취업 준비를 하는 시기에는 오로지 취업 목적에만 전념할 것을 당부한다. 그것이 취업스터디의 존재 목적이며 가치이다. 이러한 술자리가 문제가 된다면 스터디 시간을 바꿔보기를 권한다. 오후에 모이던 것을 오전으로 시간을 변경한다면 술자리는 자연스럽게 형성되지 않을 것이고 오후 시간을 더욱 알차게 활용할 수 있을 것이다. 구성원들과 술 한 잔 하고 싶다면, 모두 합격한 후에 합격주를 마시도록 하자.

망하는 스터디의 세 번째 특징, '구성원들 모두가 리더'

취업스터디에 적극적으로 참여하는 것은 매우 중요하다. 하지만 모두 리더인 양 다른 사람들의 의견보다는 자신의 의견만을 내세우면서 불협화음을 만들어낸다면 스터디는 자멸하게 될 것이다. 서로 원하는 것이 상이할 지라도 정해진 내용에 대해서는 우선적으로 따르고, 각자에게 주어진 역할을 충실하게 수행하면서 조화를 이룰 수 있어야 한다. 작은 스터디 내에서도 협조성을 발휘 못하면서 그보다 몇 백배, 몇 천배 큰 회사라는 조직에 적합한 인재라고 자부할 수 있을 것인가? 사공이 많으면 배가 산으로 간다.

흥하는 스터디의 성공조건

희망과 기대감으로 시작한 취업스터디가 좋은 결과가 아닌 실망감으로 다가올 수 있는 요소들이 존재하고 있으므로 항상 관찰하고 또 관찰하여야 한다.

망하는 스터디와 흥하는 스터디의 구별은 쉽지 않다. 앞서 언급한 망하는 스터디의 주요 원인을 제거하면 나름의 성과를 기대할 수 있을 것이다. 망하는 스터디의 단점을 극복한 취업스터디의 특징은 엄격한 룰과 효율적인 커리큘럼 그리고 각자의 역할이 명확하다고 할 수 있다. 그래서 서로 간의 시너지 효과를 만들 수 있는 것이고, 이러한 노력들이 모여 취업이라는 본래 목적을 달성할 수 있는 것이다. 취업준비생이라면 취업스터디다운 모습을 갖춘 스터디를 찾고, 취업스터디를 통해 얻고 싶은 것을 모두 얻어야 한다. 취업스터디에 가입한 자체로 스스로의 위안으로 삼지 말고, 다른 구성원들에게 정보를 제공하고, 적극적인 모습으로 인정받는 우수한 스터디원이 되기를 바란다. 그러면 자연스럽게 '성공 취업'이라는 결과를 얻게 될 것이다'.

인턴십부터 공채까지
여러 취업경로를 개척하라

자신이 원하는 취업 성공을 위해 가장 중요한 건 뭘까? '스펙'?, '지식'?, '운'? 아니면 '노오~력'?

다양성을 요구하는 현시대에 어느 한 가지 요소만을 갖추었다고 해서 원하는 바를 달성하기란 어렵다. 방법론적인 측면으로 생각해봐도 크게 다를 바가 없다. 자신의 미래를 위한 중요한 한걸음인 취업을 위해 일반적으로 알려져 있는 한두 가지의 방법으로만 시도를 한다면 너무 '운'에 기대는 건 아닐까?

공채, 채용형 인턴십, 오디션 면접… 준비한 만큼 도전하라

취업경로의 대표적인 방법으론 공채가 있다. 통상 상반기와 하반기로 나뉘어 두 차례로 진행되며 최종합격과 동시에 입사가 확정된다. 공채로 바로 지원하기에 스펙이 다소 부족하다면 채용형 인턴십을 활용하는 것도 좋다. 인턴십은 공채에 비해 면접절차가 다소 간소한 편이다. 다만 인턴십은 최종합격이 곧 입사 확정은 아니다. 2~3개월여의 인턴십 기간을 거쳐 인턴십 종료시점에 최종적으로 다시 한 번 평가를 거치게 된다. 최종평가에선 인턴십 기간 중의 수행평가 결과와 최종면접 결과로 합격 여부가 결정된다.

스펙을 전혀 평가하지 않는 채용제도로는 S기업의 바이킹챌린지, K기업의 스타오디션, L기업의 스펙터클오디션 등이 있다. L기업의 스펙터클오디션의 경우 지원서에는 기본적인 인적사항만 기재하며 각 회사에서 제시한 직무 관련 주제에 대한 기획서를 지원서와 함께 제출하도록 되어 있다. 이 기획서가 통과되면 면접의 기회가 주어지며, 주로 자신이 제출한 기획서 내용을 중심으로 한 PT면접이 이루어진다. 면접에 합격되면 인턴십 합격자와 동일한 자격이 주어지며 인턴십 합격자와 함께 동일한 인턴십 기간을 거친다. 이후 채용 진행절차는 인턴십 합격자와 동일하다.

'스펙을 보지 않는 채용제도에서 정말 스펙을 전혀 보지 않나요?', '채용형 인턴십이라고 해놓고 사실상 채용내정자가 있는 건 아닌가요?' 취업준비생들로부터 이렇듯 채용제도들에 대한 의심어린 질문들을 많이 받는다. 답변은 아래의 사례로 대신코자 한다.

저자가 2000년대 초반 기업의 인사담당자로 재직했던 당시 회사에 신입으로 입사하는 길은 오직 공개채용과 수시채용밖에 없었다. 인턴십을 운영하긴 했지만 인턴십을 통해 직원을 채용하는 경우는 없었고, 인턴십은 졸업을 앞둔 학생들에게 제공하는 '회사 체험활동' 정도로 여겼다. 물론 얼마 후 채용을 위한 인턴십 제도가 정식으로 도입되긴 했지만, 그 당시는 인턴십을 채용제도로서 활용하지 않았던 시기였다. 당시 방학기간을 활용해 3~4명의 4학년 학생들이 인턴십을 하러 왔었는데, 이들 중 김기범(가명)이란 친구가 기억에 남는다.

이 친구는 영업부서로 배치가 되었고, 해당 부서에서 인턴십을 아주 성실히 수행했다. 사실 이 친구가 맡은 바 역할을 기대 이상으로 잘했다는 사실은 인턴십 기간이 끝날 때쯤 해당 부서의 팀장을 통해 알게 되었다. 당시 인사담당자로서 다른 산재해 있는 일들이 많았으며, 회사에 경험삼아 잠깐 들어온 이들까지 신경쓸 만한 여력은 없었다. 인턴십 첫날 몇 시간의 간단한 OJT 이후 생활과 평가는 해당 부서의 팀장에게 일임했었다.

인턴십 기간이 끝나갈 즈음 이 친구의 해당 부서 팀장으로부터 의외의 이야기를 듣게 되었다. '이 김기범이란 친구를 정규직으로 채용할 수 있게 해달라'는 것이다. 당시 인턴을 정규직으로 전환하여 채용한다는 생각을 해본 적이 없었기에 당황스러웠다. 당연히 인사담당자로서의 입장은 'NO'였다. 하지만 이후 해당 부문의 임원까지 이 친구에 대한 추천이 이어졌고, 다양한 검토를 통해 정규직으로 채용을 진행하였다. 검토과정에서 우여곡절도 있었는데, 혹시 이 김기범이란 친구가 요즘 이야기하는 '금수저'에 해당되어 어떤 보이지 않는 힘에 의한 낙하산 채용 의뢰는 아닐까 하는 합리적 의심도 했었다. 당연히 어느 정도의 뒷조사(?)가 이루어졌고 '금수저'와는 거리가 멀다는 결론을 얻었다. 인턴이었던 그는 당시의 인턴은 채용대상이 아니란 걸 본인 스스로 잘 알고 있었다. 하지만 인턴십 기간 동안 자신에게 주어진 역할을 기대 이상으로 수행해낸 친구에게 누구도 예상치 못한 기회가 주어진 것이다.

인턴십, 회사가 인정할만한 성실과 열정을 보여주어라

최근의 채용형 인턴십에 대해 인사담당자들은 취업준비생들과 전혀 다른 이야기를 한다. 인턴십을 통해 스펙이나 면접에서 볼 수 있는 정형적인 이미지 외에 실제 조직생활을 통해 다양한 장점과 역량, 의지 등을 보고 싶은데 제대로 보여주는 친구들이 잘 없다고 한다. 결국 인턴십 종료 후 정규직으로 50%를 전환시킬 계획이었는데 적합한 인원이 적어 30% 정도만 전환시켰다는 이야기를 한다. 솔직히 말해 인턴십에 지원한 취업준비생은 공채로 지원하여 입사하기엔 다소 부족한 부분이 있기에 인턴십 채용경로를 선택했을 것이다. 그렇다면 인턴십에 합격하고 인턴십 기간 동안 최선을 다해 자신의 장점들을 보여주고 평가받아 채용이 되도록 노력해야 하는 것 아닌가. 시작도 하기 전 자신이 선택한 방법에 대한 의심 내지 회의를 하고 있다면 좋은 결과로 이어지긴 어렵지 않을까.

간혹 취업준비생들의 열정만을 강요하는 기업들의 '갑질'이 기사화되기도 한다. 하지만 많은 대다수의 기업들이 취업준비생들에게 무조건적인 열정을 바라는 '갑질'을 하진 않는다. 자신이 정한 목표와 그 목표를 달성하기 위한 방법을 선택했다면 열과 성을 다해 좋은 결과를 얻도록 최선을 다해야 한다.

이 외에도 공기업, 외국계기업, 해외취업 등 다양한 방향의 취업경로가 조금씩 다른 방법으로 존재한다. 각 경로별 다양한 난이도와 어려움들이 존재한다. 확률과 조건을 따져보는 것도 필요하겠지만 각 취업경로별 요구점을 명확히 따져보고 이에 맞춰 준비하고 시도하길 권한다.

내가 지원할 기업의 정보는 어떻게 찾나?

내 현실에 맞는 적합한 기업의 정보를 찾는 방법은?

수없이 많은 기업들. 이 중 나에게 적합한 기업은 어떤 기업일까? 아니, 내가 갈 수 있는 기업 혹은 가서 잘할 수 있는 기업은 어디일까? 입사하고 싶은 기업은 많지만 정작 내가 지원하면 최종합격까지 이어질 수 있을까에 대한 고민은 취업준비생이라면 누구나 하고 있을 것이다. '지피지기면 백전불태'라는 말이 있다. 적을 알고 나를 알면 백번 싸워도 위태롭지 않다는 뜻이다. 내가 취업하고자 하는 기업이 나에게 적은 아니지만 넘어야 할 장벽(서류전형, 면접전형 등)을 쌓고 나를 맞이하는 건 분명하다. 나의 현실에 비추어 봤을 때 적합한 기업은 어디인가. 우선은 자신에 대한 정보(스펙, 지식, 역량 등)를 정확히 파악해야 하고 이후 도전하고자 하는 기업의 정보를 정확히 알아보는 것이 관건이다.

기업 정량 정보- 기업 홈페이지, 경제잡지, 온라인매체에서 찾아라

기업에 대한 정보는 우선 정량적인 정보와 정성적인 정보로 나누어볼 수 있다. 정량적인 정보란 기업의 매출, 이익, 위치 등 수치나 객관적 데이터로 명확하게 알 수 있는 정보들이며 정성적인 정보라 함은 복리후생, 조직문화 등 객관적인 방법으로 설명하거나 증명할 수 없는 정보들이라 하겠다. 우선 정량적 정보에 대한 이야기를 먼저 해보고자 한다.

기업의 정보를 알아보기 위한 가장 기본적이면서 효과적인 방법은 홈페이지를 참고하는 것이다. 홈페이지는 기업을 홍보하기 위한 대표적인 수단으로 기업에 대해 알고자 하는 이들에게 다양한 정보들을 제공하고 있다. 회사의 연혁이나 대표이사의 인사말로부터 기업로고의 탄생배경 등 미처 생각지 못했던 정보들을 손쉽게 얻을 수 있다. 이러한 정보들은 지원하고자 하는 기업의 정보를 알아보는 것을 넘어, 자기소개서의 지원동기나 면접에서 다른 지원자들과 차별을 이끌어낼 수 있는 자신만의 스토리를 구성하는 데에도 활용해볼 수 있다.

또 하나의 손쉬운 방법으로는 신문이나 비즈니스, 경제 관련 잡지를 활용하는 것이다. 신문의 경제면이나 사회면에는 다양한 기업들의 동향이나 정보가 기사로 올라온다. 아예 경제신문을 보면 좀 더 디테일하게 산업별 정보들을 취득할 수도 있다. 경제전문잡지를 활용하는 것도 좋은데, 예를 들어 대부분의 대학교 취업지원실에 가보면 〈DBR〉이라는 잡지가 놓여 있다. 이 잡지는 산업전반에 대한 이슈들을 다루며 여러 전문가들의 의견을 주요 내용으로 하고 있다. 자신의 지원하고자 하는 기업이 사례로 등장하지 않더라도 동종업계의 기업이 소개가 되었다면 간접적인 정보를 활용해 자신의 기업이 처해 있는 상황도 유추해볼 수 있을 것이다. 다양한 고급정보가 담겨 있는 잡지임에도 불구하고 제대로 활용하는 경우를 잘 보질 못했다. 정보는 의외로 우리의 가까운 곳에 무관심하게 놓여져 있는 경우가 많다.

오프라인 매체 외에도 온라인신문에서 검색을 통해 찾아보는 방법도 있다. 온라인매체 검색을 통해 원하는 기업의 정보만을 찾아내고 시간적

으로 절약이 될 수 있겠지만, 저자의 생각으로 정보는 자신이 가진 어느 정도의 인사이트(통찰력)가 있어야 제대로 찾아내고 활용할 수 있다고 확신한다. 인사이트 확보를 위해선 결국 다양한 매체들을 통해 평소 자신이 관심 있어 하는 분야의 정보를 꾸준히 접해야 한다.

온라인매체 중 'CEO스코어데일리'는 다양한 기업 정보들을 제공하고 있다. 기업의 홈페이지를 통해서는 기본 정보나 기업이 보여주고 싶은 정보들만 알 수 있다면, CEO스코어데일리를 통해서는 외부시각으로 바라본 회사의 정보들을 알 수 있다. 기업의 긍정적 성과로부터 부정적 사건 등 다양한 이슈들을 찾아볼 수 있다. 부정적 이슈를 군이 자기소개서 작성이나 면접에 활용할 필요는 없지만 자신이 지원해야 할지 여부를 결정하는 데에는 중요한 요소로 작용한다. 만약 오너의 전횡으로 몇 년째 어려움이 지속되고 있는 기업이라면 과연 지원을 하는 것이 옳을까?

기업 정성 정보- 사보, 잡플래너, 취업 선배의 경험 등

정성적인 측면에서 취업준비생들이 가장 관심 있어 하는 부분은 아마도 조직문화가 아닐까 생각한다. 기업은 일반적으로 법인으로 표현되기도 한다. 법인이라 함은 여러 개인들이 모인 집단으로 개인들의 특성이 집단 전체에 반영되기도 하지만 결국 새로 합류되는 개인은 기존의 법인이 가진 성격에 영향을 받을 수밖에 없다. 조직문화는 일종의 법인이 가진 성격이며 이 성격이 자신이 가진 성격과 잘 맞지 않다면 직무나 연봉이 아무리 만족스럽다 하더라도 어려운 상황에 처할 수 있다.

기업의 조직문화는 기업이 자체적으로 발행하는 사보를 통해 들여다 볼 수 있다. 사보에는 구성원의 인터뷰나 회사에서 진행되는 행사들에 대한 이야기들이 나오는데, 이러한 내용들은 기업의 문화를 반영한다. 최근 사보는 온라인으로 발간되는 경우가 많아 손쉽게 찾아볼 수 있다.

잡플래닛의 기업별 리뷰를 참고해볼 수도 있다. 기업별 리뷰는 현재 재직 중이거나 재직했던 사람들이 자신들의 경험을 기반으로 다양한 이야기나 평가를 올려두고 있으며 조직문화에 대한 이야기들이 많이 올라온다.

해당 기업에 취업한 선배들을 통해 이야기를 들어보는 것도 좋다. 반드시 가까운 선배가 아니라도 괜찮다. 잘 모르는 선배라 하더라도 연결이 되면 대부분 반갑게 자신의 경험에 대한 이야기들을 해준다. 해당 기업에 취업한 선배를 알아보려면 학교의 취업지원실을 통하면 빠르게 알 수 있다.

조직문화의 중요성을 이야기했지만, 그렇다고 너무 민감하게 반응하는 것도 좋지 않다. 사실 조직문화는 개인별로 느끼는 차이가 크다. 누군가에게 어려운 조직문화가 다른 누군가에게는 잘 맞을 수 있다는 얘기다. 잡플래닛에 올라와 있는 여러 리뷰들도 사실 개인의 경험과 생각을 기반으로 작성된 내용들이 많다. 객관적이지 않다는 이야기다. 앞서 이야기한 기업에 대한 정량적인 정보는 지극히 객관적인 정보들이기에 큰 이견이 있을 수 없다. 하지만 정성적인 정보는 기업에 대해 파악하고 이해하는 데 있어 절대적인 과신은 금물이다.

동일한 직무의 채용공고도 기업에 따라 차이가 있다

산업군에 따라 달라지는 직무에 유의하라

취업을 준비함에 있어 가장 기본이 되는 건 자신에 대한 분석, 기업에 대한 분석 그리고 직무에 대한 분석일 것이다. 자신에 대한 분석이나 기업에 대한 분석은 차별점이 뚜렷하지만 직무에 대한 분석은 기업이 달라도 같은 직무라면 대동소이한 경우가 많다. 하지만 같은 직무라 하더라도 기업에 따라 뚜렷한 차이가 있는 경우가 있으니 주의해야 한다. 먼저 직무명은 같지만 해당 기업이 속한 산업군에 따라 달라지는 경우가 있다. 예를 들어 '영업관리'라는 직무를 살펴보자.

일반소매업 제조사의 경우 영업관리 직무는 판매실적, 손익관리 및 인원 T/O관리 등을 통해 영업현장의 영업효율 전반을 관리하며 현장 영업부서가 영업활동에 집중할 수 있는 토대를 만든다. 또한 영업기획부서에서 경쟁사 분석 등을 통해 수립한 전사 영업 전략에 기반해 각 현장부서가 균형 있게 영업 업무를 잘 이행하고 있는지에 대한 분석 업무도 수행한다. 사무 업무와 영업현장 업무가 혼재되어 있지만 대체로 사무 업무에 더 가까운 직무로 기획력과 책임감 등이 요구되며 전공의 우선순위를 두지 않는 경향이 있는 직무다.

다음으로 유통사의 영업관리 직무를 살펴보자. 유통사의 대표격인 백화점의 경우 영업관리 직무는 영업현장에서 발생되는 모든 업무를 1차적으로 관리하는 역할을 수행한다. 통상 각 층별 상품군을 기준으로 상위관리자가 있고, 하위단계로 상품군 내의 소단위별 구분을 통해 영업관리 담당이 정해지는데 통상 소단위별 영업관리를 담당하는 담당자를 영업관리자라 칭한다. 영업관리자는 판매실적에서부터 매장관리, 직원 및 협력사 인원관리, 고객서비스관리 등 영업현장에서 이루어지는 대부분의 실무 업무를 맡아 수행하는 역할을 한다. 판매실적관리를 위해선 분석 업무 외에 목표관리 업무도 수행해야 하며, 인원관리의 경우에도 T/O관리 외에 현장에서 실질적으로 근무하는 인원들의 리더로서의 역할도 수행해야 한다. 직무내용에서 보여지는 것처럼 일반소매업 영업관리 직무에 비해 영업현장 업무에 더 가까운 직무로 대인관계, 리더십 등의 역량이 추가로 요구된다. 전공은 별도의 우선순위를 두지 않는 편이다.

마지막으로 외식기업의 영업관리 업무에 대해 살펴보자. 외식기업의 경우 각 매장 하나하나가 영업 현장으로 영업관리 직무는 매장별 매출 및 손익관리, 인원 T/O 등의 업무를 수행하는 직무이다. 각 매장은 위치한 지역특성 등에 따라 현장상황이 판이하게 다르며, 매장의 1차적 관리는 매장 매니저가 수행한다는 점에서 유통사의 영업관리자 직무와 구분된다. 평가표와 각종 데이터를 기반으로 매장별 문제점 및 개선점을 도출해내고 대책을 수립하는 역할을 한다. 영업현장에 대한 이해가 수반되어야 하겠지만 대체로 사무 업무에 비중이 큰 직무이다. 분석 업무에 대한 비중이 높다보니 경영학 관련 전공을 선호하는 경향이 있다.

이처럼 '영업관리'라는 동일한 직무명을 가지고 있지만 산업군에 따라 직무에 대한 차이점이 있다는 걸 알 수 있다.

기업 규모에 따라 다른 업무내용의 이해가 필수

직무는 기업의 규모에 따라 직무내용의 정의가 달라지기도 한다. 위에서 언급했던 동일명칭의 직무에서 내용의 차이는 산업군의 특성에 기인하기 때문에 동일 산업군 내라면 직무내용이 큰 차이를 보이지 않는다. 하지만 기업의 규모에 따라서 동일한 산업군 내에서도 업무내용이 차이를 보일 수 있다. 사실 직무의 내용에 차이가 있다기보다는 규모에 따른 업무 세분화 차이라고 보는 게 더 적합할 것 같다. 그렇다면 대기업과 중소기업에서의 경영관리 업무는 어떻게 다를까?

대기업에서의 일반적인 경영관리 업무는 경영실적관리 및 보고, 연간 사업계획 수립, 투자 타당성 관리, 성과관리 등으로 이루어져 있다. 경영 전반에 직·간접적으로 영향을 끼칠 수 있는 지원 및 평가 업무를 주로 수행하며 회사의 수익 향상에 기여할 수 있도록 노력하는 게 주요 업무다. 이에 비해 중소기업에서의 경영관리 업무는 위에서 언급한 업무내용 외에 인사, 총무, 회계, 자금 등의 업무를 추가로 포함하고 있는 경우가 많다. 회사의 규모가 대기업에 비해 상대적으로 작다보니 조직 내에서 직무별 역할도 다소 세분화 되어 있지 않은 것이다. 어느 경우가 더 낫다고 이야기할 순 없다. 대기업의 경우엔 해당 직무를 좀 더 디테일하게 하게 되는 것이고, 중소기업의 경우엔 좀 더 넓은 분야를 단시간에 경험할 수 있는 장점이 있다. 여기서 이야기하고자 하는 점은 각 기업이 가진 직무별 특성 및 내용에 따라 요구되는 인재상, 필요역량도 달라진다는 점이다. 기업이 원하는 요구점을 잘 파악해야 본인이 원하는 직무, 기업으로의 취업이 더 가까워질 것이다.

예전에 유통 직무 관련 취업특강을 진행한 적이 있는데 특강 중간 잠시 쉬는 시간에 한 학생이 질문을 하러 다가왔다. "저는 MD 직무를 지원하는데요. 수업을 들어보니 의류학 분야를 잘 몰라도 MD 직무에 지원이 가능한 걸로 느껴졌는데 제가 이해한 게 맞는 건지요?"라고 묻는 것이었다. 질문을 받는 입장에서 무척이나 황당했다. 이 학생은 MD라는 직무가 의류 관련업종에만 국한된 직무라고 이해하고 있었던 거다. MD 직무를 희망하는데 의류 관련 전공자가 아니어서 의류학 분야 공부를 어떻게 해야 하나 고민 중이었다는 것이다. MD 직무는 제조, 유통업 전반에 걸쳐 많은 전문가들이 활동하고 있는 분야다. 이러한 점에 대해 설명해주고 나니 이 학생은 다소 민망한 표정으로 자리에 돌아갔다.

막연히 직무명에서 느껴지는 의미나 자신만의 생각으로 직무를 이해하고 접근한다면 기업이 원하는 직무에 적합한 자신을 보여주기도 어려울 뿐더러, 자기소개나 면접에서도 올바른 어필을 할 수 없어 면접 결과를 실력이 아닌 운에 맞겨야 하는 상황을 초래하게 될 것이다. 나아가 입사 후 자신의 생각과 전혀 다른 직무내용에 실망하며 1~2년 만에 재취업을 생각하게 되는 어처구니없는 일도 발생할 수 있다.

자신의 전공을
취업스펙으로 무장하라

내가 공부한 전공은 취업에 도움이 될까?

나의 전공은 내가 희망하는 직무에 취업하는 데 도움이 될까? 대학에 지원할 때 관련 직무까지 고려하며 전공을 선택하는 경우는 거의 없다. 물론 의학계열과 같은 일부 전공의 경우 직무와의 연관성이 너무 뚜렷하여 '전공=직무'로 생각해도 무방한 경우가 있지만 대부분의 경우 해당되지 않는다. 내가 선택하고 공부해 온 전공이 희망하는 직무에 잘 적용된다면 더할 나위 없이 좋겠지만, 만약 관련성이 적다면 어떻게 할 것인가. 전공의 직무스펙으로 연관성은 어디까지 봐야 할 것인가. IT분야 직무를 희망하는 인문사회계열 취업준비생에게 전공은 그저 4년간 공부한 학문에 불과한 것일까.

전공은 크게 문과와 이과로 나뉘지만 세부적으로 엄청나게 많은 세부 전공들이 존재한다. 얼떨결에 선택한 전공일 수도 있고, 오래전부터 꼭 공부해보고 싶은 분야일 수도 있다. 어떠한 경우의 선택이든 자신에게 주어진 역할에 충실하여 좋은 결실을 맺도록 노력해야 한다. 얼떨결에 시작한 전공이지만 수학하는 과정에서 자신과 잘 맞는 부분을 찾아내 몰입할 수도 있고, 반대로 자신의 기대와 상반되는 부분이 많아 실망이 클 수도 있다. 하지만 어떠한 경우이든 자신의 선택에 대한 치열한 고민과 노력이 수반되어야 깨달을 수 있는 부분이다. 물론 수많은 고민을 통해 자신과 맞지 않는 전공이라면 하루빨리 진로를 변경해야 할 것이다.

자신의 전공을 직무와 결합해 부각시켜라

이렇듯 다사다난한 과정을 거쳐 4년여 열심히 수학한 전공이 이제 제대로 힘을 발휘해줘야 할 시기가 바로 취업시즌이다. 그런데 과연 모든 전공이 취업에 힘을 발휘할 수 있는 것일까? 실제상황은 조금 다르다. 얼마 전 통계에 따르면 인문계 학생들 중 45%는 전공과 무관한 곳에 취업을 한다고 한다. 반면에 이공계 학생들 중 23%만이 전공과 무관한 곳에 취업한다고 하니, 인문계에 비해 굉장히 높은 수치다. 결국 기업들이 구인을 하는 직무가 이공계분야로 치우쳐 있다는 사실의 방증이다. 그렇다면 취업을 희망하는 인문계열 학생들은 모두 자신의 전공을 뒤로 하고 자신이 원하는 직무에 맞는 스펙을 갖추기 위해 발 벗고 나서야 하는 것일까?

기업이 신입사원을 채용함에 있어서 고려하는 부분을 어느 한 가지 요소로 설명하긴 어렵다. 이공계열 직무처럼 특정 전공지식이 반드시 필요한 경우를 제외하곤 전공도 절대적인 선택기준이 될 순 없다. 채용공고 내용을 살펴보면 전공무관인 직무들이 많이 보인다. 이런 경우 기업들은 전공무관이라고 하지만 실제로 전공에 대한 차별을 둘까? 경우에 따라 우선순위에 놓이는 전공이 있을 순 있겠지만, 인문계열 전공이든 공학계열 전공이든 실제 전공에 무관하게 채용을 진행한다. 그렇다면 전공무관 직무에선 지금까지 해온 전공 공부는 소용이 없는 걸까? 아니다. 자신이 해온 전공과목에서 직무에 부합되는 점, 나아가 채용을 결정하는데 긍정적인 요인이 되는 점을 찾아서 부각시켜야 한다. 예전 CSR 직무에 신입사원 채용을 진행했던 적이 있다. 전공무관으로 진행했었고 다양한 전공자들이 지원을 했다. 높은 경쟁률을 뚫고 최종 입사가 결정된 지원자의 전공은 영어영문학이었다. 전공무관의 직무로 다양한 지식과 역량, 직무적합성 등을 평가하였고 최종적으로 가장 높은 평가를 받았기에 입사가 확정되었다.

그렇다면 이 지원자가 최종합격하는데 전공은 전혀 영향을 끼치지 않았을까? 이 지원자는 면접에서 자신의 전공을 활용한 원활한 커뮤니케이션을 통해 회사가 글로벌 CSR을 진행하거나 국제적 네트워크 형성을 하는데 기여하겠다는 포부로 회사에 어필을 했다. 그래서 물었다. "영어를 어느 정도 잘 하십니까? 서류상의 토익점수 외에 실제 실력은 어느 정도신지요?" 그러자 지원자가 얼굴에 미소를 머금으며 답했다. "제 전공이 영어영문학입니다. 영어 커뮤니케이션은 누구보다 잘합니다. 4년간 전공했던 분야인데 (영어를 잘하는 건) 당연하다고 생각합니다." 사실 이 CSR 직무에서 영어역량이 당장 필요한 건 아니었다. 이 지원자의 최종합격이 결정된 건 전공분야 때문이 아니었다. 다만 자신이 전공했던 분야에 대한 확실한 자신감을 보여주며 자기가 맡은 분야에 대한 전문성만큼은 누구에게도 뒤지지 않을 것이라는 인식을 확실하게 심어주었다. 결국 전공을 통해 긍정적 요소를 이끌어낸 것이다.

앞서 이야기했다시피 신입사원 채용에 있어서 전공을 포함해 어떠한 요소 한 가지가 채용결정에 절대적일 수 없다. 그럼에도 불구하고 가중치가 높게 작용하는 요소가 있을 수 있다. 무관하다고 생각되는 부분도 중요한 요소로서 작용될 수 있다는 점을 잊지 말아야 한다. 우리가 흔히 이야기하는 자격증, 어학점수, 대외활동만이 취업스펙은 아님을 다시 한 번 명심하길 바란다.

이런 이야기들은 '대학을 취업하기 위해 진학하나', '대학이 취업 준비를 위한 기관인가'라는 자조 섞인 질문을 받을 수 있다. 물론 대학은 취업을 준비하는 기관은 아니다. 하지만 대학에서 수학하는 학생들에겐 선택권이란 게 존재한다. 학문에 매진하는 아카데미스트로서 대학공부와 대학생활을 통해 더 깊이 공부에 매진하고자 하는 학생도 있을 것이고, 사회로 나아가 직업을 찾거나 창업을 하고 싶은 학생들도 있을 것이다. 이렇듯 학생들에게 다양한 기회에 대한 준비를 할 수 있는 토대를 마련해주자는 취지에서의 이야기로 이해했으면 한다.

기업이 원하는 바를
충족시켜주는 지원자는 누구인가?

기업의 인재상 변화로 인한 개인의 다양한 역량 평가

과거의 채용과 최근의 채용에는 어떤 차이점이 있을까? 과거엔 우수인
재를 선발하고자 하는 기업들의 의지가 약했고 상대적으로 현재의 기업
들은 우수한 인재를 선발하고자 하는 의지가 더 강해서 채용방식을 자꾸
만 고도화시켜 나아가는 것일까?

최근의 채용방식들은 더 많은 경로와 더 복잡한 평가방식으로 진행되
고 있다. 기업에서 필요로 하는 절대인력이 줄어들고, 취업을 희망하는
인력은 계속 증가하고 있는 탓도 있겠지만 달라진 인재상도 채용방식 고
도화에 큰 영향을 미치고 있다.

경제가 지속적으로 높은 성장률을 보이던 과거에는 산업 전반이 팽창
되면서 각 기업들은 많은 인력을 필요로 했다. 산업 팽창과 함께 지속적
인 성장을 이루던 기업의 입장에선 핵심인력 몇몇을 제외하곤 대부분 신
입사원들의 다양한 역량이 요구되진 않았다. 소위 필요스펙을 갖추고 조
직에 적응 잘하는 인재가 필요했던 것이다. 그랬기 때문에 스펙위주의 선

발이 이루어졌고 면접은 짧은 시간에 인성 관련 면접만이 이루어졌다. 개인의 특성보다는 전체 조직에 적합한 인력이 우선되었던 것이다.

하지만 작금의 경제상황을 살펴보면 1997년 IMF 위기 이후 국내 경제 성장률은 지속적으로 하향곡선을 그리며 저성장 추세를 보이고 있다. 산업이 더 이상 예전처럼 팽창하지 못한다는 것이다. 오히려 어려운 외부환경을 극복해 나아가면서 기업의 성장을 유지해야 하는 상황에 처한 것이다. 이제 기업이 생존하기 위해선 핵심인력 몇몇이 아니라 모든 구성원이 맡은 바 역할(직무)을 경쟁회사보다 더 나은 생각과 방법으로 수행해 나아가야만 하게 된 것이다. 결국 구성원 개개인의 맡은 바 직무에서 보여 줘야 하는 직무역량이 중요하게 된 것이다.

최근 면접은 구조화된 면접 평가, 개인의 '역량' 평가가 중심

이렇듯 바뀐 인재상이 최근의 면접방식을 완전히 달라지게 했다. 지원자가 보유한 직무에 대한 역량의 정도가 중요한 평가 포인트가 된 것이다. 예를 들어 최근의 역량면접에서 평가시간은 지원자 한 사람에게 무려 50여분의 시간을 할애하는데, 과거 집단면접에선 4~5명을 한꺼번에 보면서 20~30분 정도의 시간만을 할애했을 정도다. 과거의 비교적 간단했던 인성 관련 평가를 넘어, 지원자 개개인의 역량을 디테일하게 평가하겠다는 의도다.

최근의 면접제도는 주로 구조화 된 면접으로 이루어져 있다. 한마디로 과거 인성면접에선 면접의 시행 및 평가를 면접관에게 일임했다면 이제는 면접의 시행과 평가 방법을 구조화하여 어떠한 면접관이 면접을 진행하더라도 평가 결과에 대한 편차가 크지 않도록 구조화 된 평가 룰을 갖추고 있다는 이야기다. 여기서 '구조화 된 평가 룰'이란, 과거 면접에선 면접관 개개인의 의도대로 면접 평가를 진행하도록 했다면 구조화 된 평가 룰 하에선 면접의 방식과 평가 요소를 미리 정해두고 어떤 면접관이 면접을 진행하더라도 동일한 의도로 지원자를 평가하도록 했다는 의미이다. 대표적인 방법으로 역량면접, PT면접, 토론면접 등이 있다. 면접관들이 이런 구조화 된 룰 안에서 지원자가 가진 역량을 효과적으로 평가하기 위해 최선을 다할 수 있도록 면접관 사전교육도 실시한다. 이렇듯 지원자가 가진 역량을 도출해내고 평가하기 위해 많은 시간과 노력을 들이고 있다. 그렇다면 도대체 역량이란 무엇인가?

채용에 있어서 '역량'이란 단어의 정의는 '고성과자가 반복적으로 보여주는 행동특성'으로 정의해볼 수 있다. 여기서 주목해볼 단어는 바로 '행동특성'이다. 결국 행동특성이 역량을 평가하는 중요한 척도가 된다는 것이다. 예를 들어 도전역량이란 어떻게 정의되는가. 탐험가와 같이 지금까지 존재하지 않는 세상을 찾거나 경험하길 서슴지 않는 사람들이 보여주는 행동특성, 바로 이 행동특성 속에서 도전적인 역량을 도출해내는 것이다. 누군가가 이 탐험가가 보여준 행동의 특성과 유사한 난이도의 행동특성을 보였다면, 미루어 보건대 이 사람은 도전적인 역량이 매우 뛰어날 것이다. 여기서 바로 자기소개서와 면접에서 지원자에게 '경험'을 묻는 이유를 알 수 있다.

'경험'이란 누군가가 과거에 했던 행동이다. 지원자의 경험을 듣다보면 과거 행동에 대한 모습을 들여다 볼 수 있고, 이를 통해 지원자의 역량을 평가할 수 있게 되는 것이다. 보여지는 행동의 난이도에 따라 역량의 높고 낮음도 결정된다. 예를 들어 100미터 풀을 수영으로 건넌 사람과 폭이 수백 미터에 달하는 한강을 수영으로 건넌 사람이 '물을 가로질러 건넜다'라는 행동 측면으로 보면 같지만 결코 도전역량의 난이도가 같을 순 없는 것이다. 이처럼 경험은 사람이 가진 역량의 질과 크기를 가늠해볼 수 있는 척도로서 활용될 수 있다.

과거 집단면접방식 하에서는 스펙이 가장 중요한 채용결정 요인이었다. 면접은 지원자가 가진 스펙에 대한 확인과 기본적인 태도, 의지를 점검하는 자리였다. 하지만 최근의 기업들의 니즈는 과거와 확연히 다르다. 조직구성원으로 자신이 맡은 바 역할에 대한 몫을 충분히 해 나아갈 역량을 갖추고 있는지를 면밀히 평가한다. 기업이 원하는 바를 파악하고, 이에 대한 자기 스스로의 점검과 준비가 필요한 시점이다.

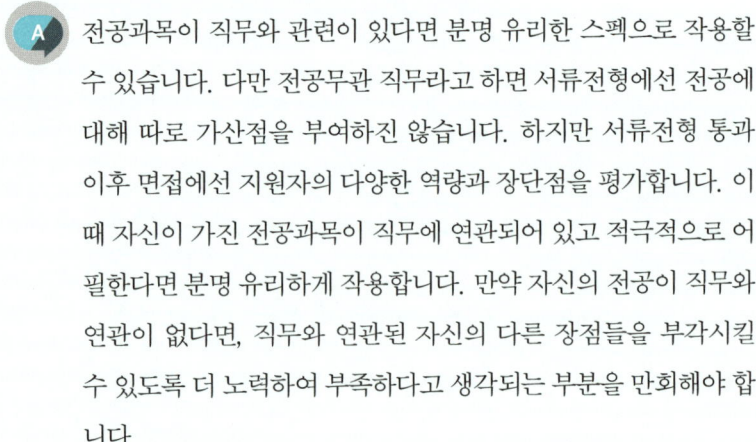

Q 저만의 직무적 필살기를 찾지 못했는데 찾는 방법은 무엇이 있을까요?

A 필살기라고 해서 거창하고 엄청난 것은 아닙니다. 내가 가진 성격, 내가 가진 기술, 내가 가진 지식 중 남들보다 뛰어나다고 생각되는 것 하나를 선정해서 그 능력이 돋보이게 만드는 것이 중요합니다.

직무역량 준비는 취업준비생들 모두 비슷비슷합니다. 왜냐하면 대학생활동안 준비하는 것도 비슷하고, 기업의 직무에서 요구하는 역량이 크게 변화가 없기 때문입니다. 필살기는 이것 때문에라도 나를 뽑아야 하는 이유를 만드는 것입니다. 객관적인 근거로만 접근해보지 말고 주관적인 분석과 판단으로 자신을 뽑아야 하는 하나의 이유를 만들어 보기를 바랍니다. 그것이 결국 자신을 원하는 기업, 원하는 직무로 안내해줄 것입니다.

Q 전공무관인 직무에 지원하려고 합니다. 그런데 아무리 전공무관이라 하더라도 관련 전공자에게 가점이 더 부여되진 않나요?

A 전공과목이 직무와 관련이 있다면 분명 유리한 스펙으로 작용할 수 있습니다. 다만 전공무관 직무라고 하면 서류전형에선 전공에 대해 따로 가산점을 부여하진 않습니다. 하지만 서류전형 통과 이후 면접에선 지원자의 다양한 역량과 장단점을 평가합니다. 이때 자신이 가진 전공과목이 직무에 연관되어 있고 적극적으로 어필한다면 분명 유리하게 작용합니다. 만약 자신의 전공이 직무와 연관이 없다면, 직무와 연관된 자신의 다른 장점들을 부각시킬 수 있도록 더 노력하여 부족하다고 생각되는 부분을 만회해야 합니다.

Q 취업에 성공한 사람들도 자신이 왜 합격했는지 모른다는 이야기를 들었습

니다. 그들이 합격한 이유는 인사담당자나 면접관만 안다고 하는데, 합격한 사람들의 방법을 따라야 할 필요가 있을까요?

A 취업성공자들이 말하는 성공 전략이 반드시 합격의 요인이라고 말하기는 어렵습니다. 하지만 기업이 신입사원을 뽑는 이유를 살펴보면 공통점이 있다는 것을 알 수 있을 것입니다. 기업은 직무에 대한 이해도가 높은 사람으로 업무에 투입했을 때 빠른 적응력을 보여 성과를 낼 수 있는 사람, 조직에서 유연한 적응력을 보유하여 함께 일하고 싶은 사람을 선호합니다. 취업성공자의 전략은 이 두 가지 중에 한 가지에 포함되는 내용들을 담고 있어 합격한 것입니다. 반드시 정답이라는 측면으로 받아들이기보다는 자신에게 맞는 방법을 찾는 수단으로 벤치마킹 하기를 권합니다.

Q 채용 확정된 회사에 재직 중인 선배로부터 회사문화에 대한 부정적인 이야기를 들었습니다. 어렵사리 입사한 회사이긴 한데 입사 포기해야 할까요? 회사문화가 좋지 않다면 오래 다니기 어려울 것 같습니다.

A 기업의 문화는 구성원 개개인이 조금씩 다르게 느끼는 경향이 있습니다. 그리고 1~2년 정도 근무해보고 해당 기업의 문화를 섣불리 판단하는 것도 좋지 않습니다. 재직 중인 선배의 경력연차가 1~2년에 불과하다면 선배의 이야기는 올바른 판단에 의한 조언이 아닐 수 있습니다. 그 선배 역시 해당 조직문화에 대해 알아가고 있는 과정이라 생각됩니다. 선배의 부정적 조언 때문에 입사를 포기하는 건 절대 좋은 선택이 아닙니다. 좀 더 일반화 되어 있는 회사 관련 정보들을 통해 객관적인 판단을 해볼 필요가 있습니다.

Q 면접, 입사지원서, 인·적성준비 취업스터디 3개에 참여 중입니다. 그런데 혼자 준비하는 것이 스터디를 하는 것보다 더 효율성이 있습니다. 스터디를

계속 하는 게 나을까요? 아니면 혼자서 준비하는 것이 나을까요?

 먼저 효율성이 떨어지는 원인에 대한 분석이 요구됩니다. 대개 스터디에서 만족하지 못하는 유형은 크게 두 가지로 구분됩니다. 하나는 커리큘럼의 비효율성이고 다른 하나는 개인의 학습패턴입니다.

커리큘럼의 비효율성이 문제라면, 본인이 생각하는 효율성 있는 커리큘럼을 제시하고 변화를 요구하시기를 바랍니다. 만약 받아들이지 않는다면 그 스터디는 그만두고 다른 스터디를 찾아보는 것이 더 효율적입니다. 절이 싫으면 중이 떠나는 겁니다.

또한, 사람마다 학습패턴이 다릅니다. 어떤 사람은 스터디를 통한 학습이 효율적이라고 할 수 있고, 또 어떤 사람은 혼자서 학습하는 것이 더 효율적일 수 있습니다. 질문자가 과거 학습해오던 패턴이 무엇인지 확인해보시고 더 효율적인 방법을 선택하시기를 바랍니다. 취업스터디는 '선택이다'와 '필수다'라는 의견이 분분한데 선택은 개인의 몫입니다. 아무리 멋지고 예쁜 옷이라도 나에게 맞지 않는 옷은 입어도 불편합니다.

 채용프로세스에 대한 정보를 수집하고 분석하는 방법은 무엇인가요?

기업의 채용프로세스는 기본적으로 채용공고에 나와 있습니다. 서류전형 → 직무적성검사 → 면접 → 신체검사 등으로 구분이 되며, 각 요소별로 평가되는 항목에 따라 기업마다 평가방법이 상이하기도 합니다. 원하는 기업 채용프로세스를 리스트화시키고, 전형단계별 특이점과 평가 요소를 정리해 두면 단계별로 어떤 역량을 강조해야 할지 보이게 될 것입니다.

예를 들면, 삼성전자는 창의토론면접, LG그룹은 최초 3개 계열사 지원 가능, 직무적성검사 후 1개만 선택, 기·승·전·PT, 그리고 현대차는 플랜트 운영 + 플랜트 기술 + 품질 → 플랜트 부문 통합채용, 인·적성검사 시 역사에세이 질문 출제 등으로 기록해 두면 유용하게 활용이 가능할 것입니다.

이것들은 꾸준한 노력을 통해 준비해야 합니다. 참고로 취업커뮤니티 등에 올라오는 면접 후기 등을 참고하여 기출문제나 접근방법에 대해서 확인해 둔다면 보다 효율적인 준비가 가능할 것입니다.

'한 기업, 한 직무에만 도전하는 취업준비생들' 과연 합격할 수 있을까요?
위 질문에 대한 답변을 인터넷 기사 내용으로 답변해 보겠습니다.

취업을 위해 '지원서 이력'을 관리하는 취업준비생들이 나오고 있다. 매년 특정 회사·직무에만 계속 도전하는 방법으로 기업에 대한 애정이나 충성도를 증명하면 합격률을 높일 수 있다는 믿음 때문이다. 계열사 '중복지원을 거부하는 유형'과, 기업을 막론하고 '한 가지 직무만 고집하는 유형'이 있다.

'중복지원 거부 유형자'는 최대한 많은 입사원서를 내는 대신 그룹마다 계열사 하나씩만 골라 지원한다. 가령 중복지원을 허용하는 그룹이 있는데 이중 현대자동차와 LG전자, (주)농심 각각 한 곳을 제외한 나머지 계열사 20여곳 지원을 포기한다는 뜻이다.

어느 공기업 인사담당자 A씨는 '우리 회사의 ○○직무에 4번째 도전한 취업준비생이 3번 떨어졌던 과정을 자기소개서에 적었을 때 간절함을 느낄 수 있었다'며 '상대적으로 높은 점수를 줬다'고 했다.

'한 직무 고집형'은 어떤 기업이든 가리지 않고 지원하지만, 무조건 한 가지 직무만 선택하는 사람이다. 마케팅을 선택했다면 삼성전자, 기아차, LG유플러스, KT 등 모두 마케팅 직군에만 지원한다. 한마디로 '기업 지원 이력' 스펙을 관리하는 현상이 나타나는 것이다.

한국자산관리공사(캠코) 신입사원으로 합격한 B모 씨는 2014~2015년 2년 연속 캠코 최종면접에서 고배를 마셨지만 세번째 도전에서 같은 직무로 합격했다. 캠코에 대해 집중적으로 공부해 면접에서 자신의 역량을 모두 쏟아냈다. 회사에서 발간한 '캠코 히스토리'란 책으로 회사 역사를 공부했고 회사 관련 홈페이지나 인터넷 사이트는 물론, 다양한 보고서를 찾아 읽었다.

이상 언급한 내용에 대한 저자 의견으로는, 저자가 지도했던 취업준비생 중에 aT(농수산식품유통공사)만을 준비해서 취업에 성공한 경우가 있기는 하였지만, '올인 전략은 무리수를 두는 것이다'라고 말하고 싶습니다. 그러나 '어떻게 취업 준비를 하느냐'는 취업준비생의 몫으로 넘기도록 하겠습니다.

Q 소위 8대 스펙이라고 하는 것이 취업을 위해서 정말로 다 필요한 것인가요?

A 8대 스펙이 무엇인지 아십니까? 학교(학력), 학점, 어학점수, 자격증, 인턴, 공모전, 어학연수, 봉사활동을 이야기하는 것은 잘 알고 있을 것입니다. 여기서 질문 한 가지! 위의 8개의 스펙이 모두 동일한 가중치를 가지고 있는 것일까요? 절대 그렇지가 않습니다. 더더구나 전반의 4개 항목인 학교(학력), 학점, 어학점수, 자격증은 정량화가 가능한 항목입니다. 후반의 4개 항목인 인턴, 공모전, 어학연수, 봉사활동은 정량화가 어려운 항목입니다. 주목할 점은 전반의 4개 항목은 이력서 상에 기록이 되고 스펙 평가 시 중요 요소로 반영되지만, 후반의 4개 항목은 자기소개서 항목에 잘 녹여내야 하는 항목이라는 것입니다.

요약하면, 8대 스펙은 취업을 위해 다 필요합니다. 전반의 항목은 이력서에, 후반의 항목은 자기소개서에 본인이 하고자 하는 일에 대한 경험을 잘 드러내야 하는 소재로써 존재하기 때문입니다. 더 더욱 중요한 점은, 가장 매력 있는 이력서는 바로 '이력서만 봐도 지원자가 하고자 하는 직무를 바로 알 수 있는 이력서'가 가장 준비가 잘 된 매력 있는 이력서임을 다시 한 번 강조합니다.

Q 솔직히 전공 관심 없었습니다. 재미 없는 학교보다는 다양한 경험을 할 수 있는 아르바이트에 재미를 느껴 학교 밖으로 돌다보니, 어느새 남자 나이 29세에 학점도 2점대고, 토익 점수도 없습니다. 제가 취업할 수 있는 현실적인 방법이 무엇인가요? 아르바이트만 마트, 이삿짐센터, 극장 등 종류별로 21개까지 해봤습니다.

A 학교에서 배운 전공과 관련해서 진로를 정하는 것이 가장 바람직한 방법이기는 하지만 모든 취업준비생들이 전공대로 사회 진출을 한다고 볼 수는 없습니다. 질문하신 내용을 아래와 같은 3가지 측면으로 설명해보도록 하겠습니다.

첫째, 전공과 지원직무와의 연계성 문제입니다. 예를 들어, 어문학전공 중 일어일문학을 전공한 취업준비생은 앞으로 어떠한 분야로 사회 진출을 해야 할까요? 전공을 살리고자 한다면 통·번역을 하든지, 여행사에 입사하여 현지 가이드나 국내 일본인 대상의 가이드 역할을 하든지, 임용고시를 보고 일본어 선생님이 되든지, 임용이 안 된다면 학원에서 강사를 해야 할 것입니다. 전공을 활용한 진로가 아닌 다른 길을 가고자 한다면 하고자 하는 일에 대한 준비와 경험이 필요할 것입니다.

둘째, 스펙입니다. 최근 신문기사 내용에 '대학졸업 3년 지나면… 입사서류 통과 확률 10% 안돼'라는 기사가 있었습니다. 신입사원으로서의 입사도 때가 있는 법이라는 겁니다. 왜냐하면 너무 나이가 많은 신입사원이 입사한다면 관리자 입장에서는 조직관리가 어려운 것이 사실이기 때문입니다. 그러나 지금의 29세 나이라면 크게 걱정하지 않아도 되니 파이팅하시기 바랍니다.

셋째, 다양한 아르바이트 경험입니다. 가장 이상적인 경험은 지원하고자 하는 직무와 밀접한 분야·업종에서의 경험일 것입니다. 그러나 대부분의 취업준비생들이 진로를 일찍부터 정하고 이에 맞는 경험을 준비하는 학생들은 많지 않습니다. 따라서 다양한 아르바이트 경험을 통해서 '내가 무엇을 배웠고 그 배운 바를 통해서 어떠한 역량을 키울 수 있었다. 이 역량은 앞으로 하고자 하는 지원직무 수행에 도움이 되는 역량이다'라는 논리와 주장만 확실하다면 다양한 경험은 타인과 비교해서 손색없는 소중한 경험인 것입니다.

 인턴십활동은 취업에 실질적으로 도움이 될까요?

기업에서 진행하는 인턴십은 채용형 인턴십과 일반 인턴십으로 나뉩니다. 채용형 인턴십은 인턴십기간 내 평가를 통해 정규직 채용을 진행하는 제도이고, 일반 인턴십은 해당 기업의 직무를 경험해 보는데 그 의의가 있습니다. 채용형 인턴십의 목적이야 더 설명하지 않아도 정규직으로의 채용이겠지만, 일반형 인턴십은 주로 직무 경험에 의미를 두고 있는데 이러한 경험이 취업에 도움이 될까요.

결론부터 이야기하자면 인턴십 기간을 어떻게 보내느냐에 따라 도움이 되는지 여부에 대한 차이가 있습니다. 인턴십 기간 중에 소속부서에서 해당 직무를 제대로 해보는 건 거의 불가능합니다. 실제 신입사원으로 입사한 후에 자신의 역할을 제대로 해 나아갈 때까지 대략 1년 이상의 시간이 걸립니다. 그런데 고작 2~3개월의 인턴생활로 해당 직무를 제대로 이해하기란 불가능합니다. 결국 인턴십을 통해 직무에 대해 자세히 경험해보기보다는 인턴 업무를 적극적으로 수행하는 가운데 자신의 경험을 한 단계 업그레이드 하는 시간을 가져야 합니다.

그저 2~3개월의 기간동안 인턴을 수행하고 이력서에 한 줄의 경력을 만드느냐, 아니면 적극적인 인턴 수행으로 경력 한 줄 외에 향후 자신의 역량을 어필할 수 있는 사례를 만드느냐는 순전히 본인 하기에 달려 있습니다.

Q 채용공고에 직무명은 나와 있는데 해당 기업이 중소기업이라 직무내용을 명확히 알 길이 없습니다. 어떻게 하면 좋을까요?

A 우선은 동일산업군의 다른 기업의 직무내용을 조사해보세요. 같은 산업군 내의 비슷한 규모의 회사라면 직무내용이 크게 다르지 않습니다. 적극적인 방법으로는 지원한 회사에 재직 중인 선배를 찾아 문의해보는 방법도 있습니다. 해당 선배가 동일한 직무가 아니라 하더라도 주변동료를 통해 직무내용을 알려주는 경우도 있습니다. 보다 적극적으로는 해당 기업의 인사팀에 전화를 걸어 물어보는 방법도 있습니다.

Q 면접이나 자기소개서 질문에서 지원자의 경험사례 내용을 통해 역량을 파악한다고 하는데, 그렇다면 제가 느끼기에 인상 깊었던 경험을 이야기하면 되는 것인지요?

A 경험에 대한 답변을 할 땐 우선 면접이나 자기소개서 질문내용의 의도를 잘 파악해야 합니다. 경험에 대한 질문은 통상 특정역량에 대한 유추가 가능한 내용으로 구성되어 있습니다. 예를 들어 '힘들었지만 자신에게 주어진 일을 완수해낸 경험'이라면 책임감

에 대한 역량을 묻는 겁니다. 이처럼 경험에 대한 질문을 받으면 질문의 의도를 먼저 파악해보고, 질문이 의도하는 역량을 보여줄 수 있는 경험을 이야기해야 합니다.

 직무적 경험이 부족한데 어떻게 차별성을 만들 수 있을까요?

직무적 역량은 '경험'으로 증명되어야 한다는 건 알고 있으리라 생각됩니다. 경험은 직접적 경험과 간접적 경험으로 나눌 수 있습니다. 직접 체험하지 못했다면 간접적인 경험을 어필하면 됩니다. 예를 들어 기획분야 지원자의 경우에 기획과 관련된 서적을 읽고, 기획적 사고와 분석력을 보유했다고 강조할 수도 있습니다. 기술분야 지원자의 경우에도 전공서적이나 세미나 참석 등을 통해 최신 기술이슈에 대한 이해를 표현할 수 있을 것입니다. 과거 경험을 리스트화 해보면서 간접적인 경험도 잘 정리해두시기 바랍니다.

PART
04

산업과
기업 자료분석

산업의 핵심트렌드를 분석하자

기업이 최신 트렌드에 주목하는 이유

기업은 자신이 속한 업계와 산업분야에서 경쟁자들을 제치고 최고가 되기 위해 노력한다. 기업이 '업계 유일'과 '업계 최초' 그리고 '업계 최고'나 '업계 최대'를 부르짖는 이유가 바로 여기에 있다. 업계는 또한 같은 상품이나 서비스를 제공하는 기업들이 모인 집합체이기에 자연스레 경쟁의 생태계가 형성되게 된다. 경쟁업체의 신제품이나 기술 혁신 등은 해당 기업에게는 때로는 자극이 되고 때로는 충격과 경악이 되기도 한다. 그래서 기업은 자꾸만 경쟁업체의 상황을 인식할 수밖에 없으며, 직원을 채용하는 상황에 있어서도 이와 같은 시각을 지원자들에게 요구하게 되는 것이다. 실제로 최근 유통업계의 최대 이슈가 되었던 '옴니채널'을 예를 들어 설명해보겠다.

옴니채널과 유통업계의 트렌드분석

다소 시사상식적인 내용이지만, 옴니채널이란 온라인과 오프라인, 모

174

바일 등 다양한 쇼핑채널을 유기적으로 연결해 고객이 어떠한 채널을 사용하든 동일한 매장을 이용하는 것과 같은 쇼핑환경을 구축하는 전략을 말한다. 오프라인 매장의 쇼룸(show-room)화 현상에 대한 기업의 걱정과 우려가 있었다. 즉, 고객이 매장에서 상품의 품질이나 완성도를 살펴보고, 정작 구매는 조금이라도 가격이 저렴한 인터넷 쇼핑몰을 이용하는 경우가 많았기 때문이다.

이와 같은 상황의 대안으로 해외에서 언급되기 시작한 옴니채널에 대한 이슈가 당시 국내 A유통사의 전략회의에서 최초로 언급되었다. 당시 회의를 주재한 K본부장에 의해서 그 기업의 차별성에 대한 키워드로 자리매김하게 되었다. 즉, 요즘 '해외에서 옴니채널이라는 것이 유행 조짐을 보이는데, 우리가 먼저 이것을 하겠다고 말하면 경쟁사에 비해 보다 더 차별성을 보일 것이 아니냐?'라는 발상이 그 핵심이었던 것이다. 이와 같은 소식은 가뜩이나 10원이라도 더 싸다는 것을 외쳐야 하는 다른 경쟁사에게도 큰 자극이 되었다. 그래서 2014년을 기점으로 옴니채널이라는 이슈가 전면적으로 유통업계에 최대 이슈로 떠오르게 되는 것이다. 일단 하겠다고 했으니 기업은 실제로 가시적인 결과물을 만들어내기 시작한다.

실제 기업들의 옴니채널의 현실화 노력

S기업은 운영하는 유통구조의 핵심인 백화점과 프리미엄아울렛 그리고 마트와 심지어는 팝업스토어까지 통합한 전방위 통합 쇼핑몰을 성공적으로 런칭하여 자리매김 했다. 다른 경쟁사인 L기업 역시 운영 중인 백화점과 대형마트, 그리고 아울렛과 신용카드 서비스까지 하나의 채널로 엮는 작업을 적극적으로 추진 중이다. 물론 이외에도 많은 경쟁 기업이 이와 같은 트렌드에 발 맞추고자 늦은 시간까지 야근도 불사하며 맹렬하게 일하고 있는 상황이다.

그럼, 다시 우리의 이슈인 취업으로 눈을 돌려보도록 하겠다. 명색이

유통업계에서 일하고 싶다는 지원자가 거의 모든 유통업체가 반쯤 미쳐서 부르짖는 옴니채널에 대한 개념조차 모르고 있다면, 어제까지 야근하며 관련 작업을 했던 면접관의 시각에서는 너무도 순진한, 나아가 너무나 괘씸한 지원자로 인식될 수 있는 것이다. 우리가 취업을 위해서 업계의 트렌드에 관심을 가져야 하는 이유가 바로 여기에 있다.

지금은 비록 유통업계의 옴니채널이라는 키워드로 이야기를 진행했지만, 금융이면 금융, 항공서비스면 항공서비스, 식품가공이면 식품가공 업계만의 특별한 이슈는 반드시 존재하는 것이다. 그리고 현명한 지원자라면 이와 같은 키워드를 적극적으로 찾아내어 자기소개서에 강조할 것이고, 면접장에서 적절하게 어필하여 의미 있는 면접 점수를 확보할 수 있을 것이다.

기업의 최신 이슈를 자기소개서와 면접에 반영하는 방법

어떤 취업준비생은 인터넷에서 찾을 수 있는 일반적인 기업 정보의 가치를 낮게 평가하여 오로지 자기만 아는 특별한 정보를 찾기 위해 애쓰는 경우가 있다. 하지만 이런 정보는 찾기도 어려울 뿐만 아니라, 결국 학생 수준에서 찾아낸 정보이기에 오히려 비장의 무기가 될 수 없는 경우가 더 많다. 자신이 지원하는 기업에 집중하여 기업의 최근 이슈와 노력사항을 중심으로 기업에 대한 집중성을 어필하는 것은 취업준비생의 기본자세이자 정석이다. 문제는 이와 같은 노력은 나 이외의 다른 지원자들도 모두 하고 있다는 것이다. 그렇다면 남과 다른 나만의 차별성을 부각시키는 방법은 무엇일까? 이를 위해서는 지원자 자신이 보다 큰 그림으로 기업을 바라보는 시각이 필요하다. 예를 들어, 그 기업이 새롭게 출시한 신제품이나 새로운 서비스는 그 기업이 속해 있는 업계에서 이슈가 되는 특정한 트렌드를 반영한 결과물일 것이기 때문에 이에 대해 언급해주면 다른 사람과는 다른 지원기업의 최신 정보에 대한 자기만의 차별화 된 노하우를 펼치는 격이 될 수 있다.

따라서 업계의 트렌드를 이해하고 이를 언급한다는 것은 기업의 노력에 대한 원인을 지원자가 잘 알고 있음을 의미한다. 세상의 모든 일에는 저마다의 원인이 있다. 기업의 노력 또한 무작정의 노력이 아닌 그 기업이 속한 업계의 트렌드를 바탕으로 그 의미를 찾는 관점이 필요하다. 이에 대한 지원자의 어필은 분명 좋은 평가를 통해 보상받게 될 것이다. 이를 자기소개서에 반영한 사례를 소개해보겠다.

자기소개서 항목 : 우리 A기업에 지원한 이유를 기술해 주시기 바랍니다 (700자)
〈전략〉 ~ 실제로, A기업은 최근 GTO2000과 같은 신제품을 새롭게 출시했습니다. 많은 경쟁사들이 TCD기술에 대한 관심을 키워 본격적인 연구를 시작하고 있는 상황에서 이와 같은 신제품을 먼저 출시했다는 것은, TC분야의 가능성을 예견하고 오래전부터 원천기술의 확보에 집중한 기업의 정확한 판단력이 돋보인 결과라고 할 수 있습니다. 이에~ 〈후략〉

다음으로, 면접장에서 이를 반영한 사례도 소개한다.

면접관 : 최근 식품업계에는 어떤 이슈가 있는 것 같아요?
지원자 : 네. 1인가정의 증가로 인한 혼밥문화가 이슈인 것 같습니다. 그 결과, 즉석식품분야가 보다 세분화 되어 자리 잡고 있다고 판단됩니다. 특히, 편의점을 중심으로 즉석도시락 제품이 대세를 이루고 있고, 대형마트 등을 중심으로 바로 전자렌지에 넣기만 하면 되는 가공식품이 유행을 이루고 있습니다. 우리 기업도 이번에~ 〈후략〉

산업트렌드분석 및
노하우

　　취업을 준비하면서 또 하나의 고민이 진로와 산업군이다. 실질적으로 어느 산업이 앞으로 성장할 것인지 아니면 어떤 산업이 없어질 것인지 예측하기도 힘들고 전망도 변화무쌍하기 때문이다. 실질적으로 3, 4년 전에 대우조선해양, STX조선해양을 갔다고 하면 다들 '정말 잘 갔다, 부럽다' 했다. 하지만 지금 다들 조선업 경기가 좋지 않아 걱정하고 있다. 그렇다면 이번 장에서는 새로운 산업트렌드, 기업분석 및 직무분석을 할 때 어느 곳을 주로 봐야 할지, 어느 곳을 활용할지 간략히 살펴보도록 하겠다.

산업트렌드를 분석해주는 사이트

SEEMORE (www.seemore.co.kr)

　　해당 사이트는 무료 사이트이면서도 다양한 산업군에 대해 기본적인 내용들을 간략하게 소개하고 있다. 이 사이트를 통해 산업군들의 동향들을 가볍게 조사하고 분석할 수 있을 것이다. 항공산업, 자동차산업, 제약산업, 유통산업 등 전반적인 산업군들의 최근 동향도 부담감 없이 볼 수 있다.

한국신용평가 (www.kisrating.com)

　많은 학생들은 이 사이트를 보면서 '어? 이거 신용상태 보는 곳 아닌가?' 하는 생각도 할 것이다. 하지만 그렇지 않다. 당연히 신용상태도 확인할 수 있다. 그런데 또 하나는 이 사이트에 들어가서 회사이름을 검색하면 하단에 리서치 자료가 있다, 이 자료가 아주 중요하다. 이 자료는 기본적으로 산업의 industry를 보여주고 있다. 모든 기업은 산업에서 움직인다. 그렇기 때문에 산업을 바로 알아야 그 울타리에서 움직이는 기업을 볼 수 있는 것이다. 해당 내용을 통해 꼼꼼히 경제적 관점에서 산업트렌드, 산업의 현재상황을 분석해야 한다. 특이사항으로는 이 사이트에는 작은 회사는 나오지 않는다. 그럴 때는 tip으로 내가 가고자 하는 기업의 대기업을 조사하면 된다. 그러면 대부분은 나오고 있다. 예를 들어 제약을 가고 싶다면 '유한양행'을, 패션회사를 가고 싶다면 'LF패션'을 클릭하고 들어간다면 기본적으로 산업의 트렌드를 분석할 수 있게 된다.

LG경제연구소 등 기업경제연구소 사이트 (www.lgeri.com)

　대부분의 그룹사 기업은 경제사이트를 보유하고 있다. 이 사이트의 가장 큰 강점은 우리가 보고 싶고 가장 중요하게 생각하는 새로운 정보들이 구체적으로 올라오고 있다는 점이다. 예를 들어, 분기, 반기, 연간 경제지표부터 미시, 거시경제분석, 산업별분석을 주기적으로 올리고 있다. 이 내용을 토대로 우리는 좀 더 전문가의 식견을 갖게 될 것이다.

　삼성전자의 자기소개서 항목을 보면 이런 질문이 나온다. '최근 사회이슈 중 중요하다고 생각되는 한 가지를 선택하고 이에 관한 자신의 견해를 기술해주시기 바랍니다.'

　최근 기업도 4차 산업혁명을 통해 급변하고 있으며 이러한 상황에서 지원자들의 기본적인 트렌드분석과 이해를 원하고 있다. 여기서 가장 중요한 취업준비생의 자세는 꾸준히 해당 부분을 알아보고 조사하고 분석해야 한다는 것이다. 80년대 중공업, 90년대 반도체, 2000년대 스마트폰을 넘어 2010년대 이후는 지식정보화산업이 산업계의 성장을 주도하고 있다. 얼마 전 알파고인 인공지능이 사람을 이겼다는 말이 1년 후면 옛말이 되고 새로운 통신, AI의 발달이 더욱 가속화 될 것이다. 지금 한국도 산업의 구조조정이 가속화 되고 있다. 조선, 해양, 석유, 철강, 건설업이 구조조정을 진행 중이며, 앞으로 새로운 산업인 4차산업에 본격적 진출을 서둘러야 한다. 이러한 측면에서 우리는 관련 분야에 대한 정확한 산업을 이해하고 해당 분야의 트렌드 및 향후 방향을 예측할 수 있도록 꾸준히 산업분석을 수행해야 한다.

Riss.kr (www.riss.kr)

우리가 흔히 간과하는 내용 중 하나가 논문이다. 논문은 기본적으로 관련 분야에 대한 자료가 방대하고 깊이 있게 나와 있는 자료들이다. 그런데 쉽게만 찾고자 한다면 누구나 다 볼 수 있는 자료이다. 좀 더 구체적으로 자료를 찾아보고 정리한다면 분명 좋은 자기소개서, 면접에 많은 도움이 될 것이다. 학교 홈페이지 학술정보관으로 연결하면 무료로 많은 자료들을 볼 수 있다.

'인사쟁이' (네이버 카페)

인사담당자들은 누구나 아는 카페가 있다. 처음 인사에서 일을 하게 되면 다양한 법적 자료부터 기안 자료까지 필요하게 된다. 그렇기 때문에 인사담당자들이 서로 정보를 공유하고 의견을 나누는 카페이다. 여기에 들어가면 직무에 관련된 내용이 잘 나온다. 특히 카페에서 다양한 내용들을 보다 보면 인사담당자 관점에서 취업준비생에게 도움이 되는 팁과 준비에 대해서도 자세하게 얘기해주고 있다. 관련 내용을 통해 직무분석, 취업 준비를 할 때 도움을 받을 수 있다.

　예전에 어학을 전공한 학생이 한 명 있었다. 나름대로 서류가 잘 되지 않고, 본인은 해외영업을 가고 싶다고 했다. 어학은 영어, 일본어, 스페인어로 총 3개 국어를 하고 있다고 했다. 그렇지만 어학 외에는 특별한 무기가 없어 자신감이 없다고 했다. 그래서 제일 먼저, 위의 방법을 순차적으로 알려줬다. seemore에 가서 'ㄱ'에서 'ㅎ' 까지의 기업을 보면서 가장 관심 있는 기업을 보고 신용평가에서 관련 기업에 대한 리서치를 통해서 신용상태, 그리고 industry에 대한 자료를 검색하라고 했다. 그렇게 하면서 학생은 하나씩 본인의 관심분야를 좁혀 갔다. 그리고 좀 더 깊이 있게 경제연구소에서 관련 분야 자료검색을 하고, 좀 더 깊이 있게 논문검색을 하면서 학생은 점점 본인이 희망하는 분야에 대해 전문성도 향상시켰다. 그리고 이러한 자료를 기반으로 서류합격이 되면서 자신감도 붙으면서 결국엔 최종합격에 이르게 되었다. 우리가 한 학기 교양 2학점 정도를 들으면 학기가 지나고 나서 어떤 느낌이 드는가? '아 이거였구나?' 하는 마음이 들지 않는가? 한번 2주 정도 나를 위해 위의 5가지 사이트에 가서 조사하고 검색하고 노력해보자! 분명 달라지는 나를 느낄 수 있을 것이다.

기업분석 1:
대기업, 중견기업, 중소기업

대기업, 중견기업, 중소기업으로 기업분류 기준 변화

기업을 분류할 때 흔히 기업규모에 따라 대기업, 중견기업, 중소기업 또는 벤처기업으로 분류한다. 기업에 면접을 보러 갔을 때 면접관이 여러분에게 "우리 기업이 대기업인가요?" 하고 물으면 어떻게 대답을 할 것인가? 그냥 "제가 지원하면 다 대기업입니다!" 이렇게 할 수는 없을 것이다. 그렇다면 기업규모에 따라 어떻게 구분되고 어떤 차이가 있는 것인지를 이 장에서 명확히 살펴보도록 해보자.

우선 대기업은 과거의 기준으로 잘못 알고 있는 경우가 많다. 과거에는 대기업, 중소기업의 2가지 형태로 분류를 하였다. 상시근로자 수가 300인 이상이거나 자본금이 80억 이상(산업별 차이가 있으며, 제조업 기준)이면 대기업이라고 하였고, 미만이면 중소기업이라고 했다. 현재 노동부의 지표 중에는 지금도 이 부분을 준용하는 자료가 간혹 있는데 현재는 기업 분류기준이 바뀌었다.

현재 우리나라에는 국내에 60만 개 내외(경총 기준)의 기업이 존재한다고 하며, 과거 기준처럼 대기업과 중소기업 2개로 분류할 때 실질적으로 시스템적으로나 업무체계. 기업의 경쟁력을 구분짓는데 한계가 있기 때문에 등장한 것이 중견기업법이다. 이 법이 제정되면서 기업은 크게 대기업, 중견기업, 중소기업, 벤처기업 등으로 구분되고 있다.

대기업, 중견기업, 중소기업은 어떤 기준으로 분류하나?

그렇다면 대기업, 중견기업, 중소기업은 어떻게 구분할까? 내가 취업할 때 어떤 기업을 대기업이라 하고 중견, 중소기업이라고 할까?

대기업

자산총액 10조 이상이면서 공정거래위원회가 지정하는 상호출자제한 기업집단에 소속하는 회사일 것. (단 금융업, 보험업은 중소기업법상의 규모를 벗어나면 상호출자제한 기업집단이 아니어도 대기업으로 간주된다. 매년 자산총액에 따라 기준이 바뀔 수 있다.) 우리나라 60만 개 기업 중 총 28개 만이 대기업이다. 간략하게 소개하면 다음과 같다.

삼성, 현대차, SK, LG, 롯데, 포스코, GS, 한화, 현대중공업, 농협, 한진, 두산, KT, 신세계, CJ, 부영, LS, 대우조선해양, 대림, 금호아시아나, 현대백화점, 현대, OCI, 효성, 미래에셋, S-OIL, 대우건설, 영풍.

중견기업

대기업이 아니고 중소기업이 아니면 되기 때문에 별도로 설명을 생략하기로 한다. 다만, 대부분의 대기업이라고 생각하는 기업들의 경우도 중견기업에 많이 해당하는데 2016년 대기업 기준이 자산총액 5조 이상에서 10조 이상으로 바뀌면서 중견기업으로 빠진 곳이 우리가 알고 있는 대기업이다. 예를 들자면 아모레퍼시픽, 코오롱그룹, 이랜드그룹, 하림, 다음카카오, 한솔 등이다.

중소기업

상시 근로자 수 1,000명 미만이면서 자산총액 5,000억 원 미만, 자기자본 1,000억 원 미만, 직전 3개 사업연도 평균 매출 1,500억 원 미만(산업에 따라 차이 있음, 제조업 기준)의 기업을 중소기업으로 분류한다. 위의 기준에 따르면 우리나라 기업 중에는 상당히 규모가 있어도 중소기업으로 포함되어 있다.

실질적으로 면접을 보러 오는 취업준비생들의 대부분은 내가 지원한 기업이 대기업인지, 중견기업인지, 중소기업인지 모르고 오는 경우가 많다. 여러분이 지원하는 기업에 대해서는 꼭 한번 어떤 기업인지 알고 갔으면 좋겠다.

이외에도 벤처기업이 있는데, '개인 또는 소수의 창업인이 위험성은 크지만 성공할 경우 높은 기대수익이 예상되는 신기술과 아이디어를 독자적인 기반 위에서 사업화 하려는 신생중소기업'으로 정의를 한다. 특히 스타트업기업과의 차이점은 해당 기업이 벤처기업 육성에 관한 특별조치법에서 정해진 조건을 만족해야 '벤처기업'으로 인정되기 때문에 스타트업기업이 모두 벤처기업은 아니다.

우리가 지원하는 기업이 대기업인지, 중견기업인지, 중소기업인지 또는 벤처기업인지를 명확히 알고 정확히 지원해야 한다. 대기업이면 대부분 지원자들이 무조건 좋다고 하지만, 현재 중견기업 대부분은 우리가 알고 있는 과거 대기업에 해당하는 기업들이 많이 있다는 것을 염두에 두어야 한다.

기업분석 2 : 알짜기업 분석요령

'어떤 기업이 좋은 기업이고 알짜기업일까?', '대기업이면 무조건 좋은 기업일 것이다' 하는 생각을 많이 하고 있다. 하지만 우리 주변에 정말 연봉도 많이 주고, 성장가능성도 있으며, 실질적으로 스스로 자부심을 가질 수 있는 기업이 많이 있다. 그렇다면 어떤 기업이 알짜기업일까? 이번 장에서 알아보기로 하자!

숨어 있는 1인치의 알짜기업을 찾는 법

업력 10년 이상의 기업으로 시장 내에서 지속적·안정적으로 사업활동을 하는 기업들

우리나라 기업이 30년 이상 생존할 확률은 안타깝게도 25% 내외라고 한다. 우리가 지원하는 많은 기업들이 적어도 내가 입사해서 30년 이상 다닐 확률은 1/4이라는 얘기이다. 그렇다면 '어떤 기업이 안정적일까?'라는 질문에 적어도 10년 이상 안정적인 수익을 내고 있다면 충분히 내가 갈 수 있는 안정적인 기업이라고 얘기할 수 있다.

일정규모 이상의 매출을 실현하는 기업으로 전년도 기준 매출액 3,000억 이상인 우리나라 1000대 기업들

취업 준비를 하면서 학생들이 접하는 무수히 많은 기업 중 우리가 알고 있는 기업은 100개도 채 안 되는 경우가 많을 것이다. 취업을 준비하면서 다들 좋은 기업을 원하지만, 그것이 대기업에 너무 국한되는 것은 아닐지 되돌아 볼 필요가 있다. 물론 대기업도 충분히 좋은 기업이지만 그에 못지않은 기업이 있다. 일반적으로 해당 기업을 매출액으로 1000대 기업이라고 한다. 이유는 우리나라 60만 개 기업 중 1000대 기업이라면 0.2%가 채 되지 않는다. 그렇다면 우리가 충분히 갈 수 있는 좋은 기업이 아닐까? 충분히 1000대 기업에서 대기업으로도 도전해볼 수 있다고 저자는 생각한다. 물론 매출액이 높으면 무조건 좋다는 건 아니지만, 위에서 본 것처럼 적어도 이 정도의 기업들은 경기변동이 심하더라도 경쟁력을 갖고 있을 것이다.

신용평가 기관에서 신용도 B등급 이상이며, 영업이익 및 당기순이익을 지속적으로 내는 흑자기업

적어도 내가 지원한 기업의 신용상태는 중요한 의미를 가지고 있다. 즉, 매출이 아무리 높다 하더라도 적자가 나게 된다면 한진해운처럼 파산이 될 가능성이 높은 것이다. 그렇기 때문에 매출과 함께 보아야 할 것이 신용도와 영업이익, 당기순이익이다. 적어도 3년 이상 안정적으로 흑자를 내는 기업이라면 충분히 자신의 미래를 맡겨도 자신의 성장과 회사의 성장으로 win-win할 수 있을 것이다.

신입사원 초임연봉, 1인당 평균연봉, 평균근속기간 측면에서 동종업계 평균 수준을 뛰어넘는 기업들

기본적으로 위의 3가지 항목 이외에 내가 입사하는 기업이 1인당 평균

연봉이 동종업계 또는 경쟁사보다 높다면 이 부분도 우리가 갈 수 있는 알짜기업으로 볼 수 있다. 관련 자료를 전자공시시스템에 가서 확인해보고 '독취사'나 '취업뽀개기'를 통해 동종사 대비 어느 정도 수준인지를 확인해볼 필요가 있다.

이상으로 간략하게 살펴보았다. 만약에 적어도 매출이 안정적으로 나오면서 영업이익률이 최근 3년 10% 이상 지속되고 있다면 분명 좋은 기업일 가능성이 아주 높다. 참고로 우리나라는 제조업이 가장 대표산업인데, 평균적으로 영업이익률을 3~7%선으로 보고 있다. 10% 이상이라면 충분히 안정적이고 좋은 기업일 확률이 높은 것이다.

기업분석 3 : 분석요령

　인사담당자로서 면접 중 가장 물어보고 싶은 것이 두 가지 있다. "왜 여기 지원합니까?" 또는 "우리 회사만 지원했습니까?" 하는 질문이다. 저자가 이 질문을 하게 되면 지원자들은 얼굴에 땀이 나고, 긴장하기 시작한다. "아닙니다. 다른 곳도 지원했습니다" 지원자들은 대부분 이렇게 대답한다. 그러면 저자는 지원자의 속마음을 알고 싶어 한 단계 더 들어간다. "우리 회사하고 다른 곳이 함께 합격하면 어디 갈 겁니까? 왜 우리 회사로 오려고 합니까?" 그러면 이때부터는 대부분이 사색이 된다. 자! 왜 그럴까? 그만큼 나는 내가 가고 싶은 기업을 잘 모르기 때문이 아닐까? 그렇다면 어떻게 하면 내가 이 대답을 잘할 수 있을까? 이러한 해답을 이 장에서 다루어보기로 한다.

기업분석요령에도 순서가 있다
해당 기업 홈페이지를 꼼꼼히 볼 것!
기업의 이념, 경영방침, 인재상, 지속가능 경영보고서 등을 꼼꼼히 보면 기업문화 및 해당 기업이 추구하는 인재가 어떤 사람인지를 확인할 수 있다. 많은 기업 인재상에는 사실 공통성이 있다. 앞에서 살펴본 것처럼 '창의성', '전문성', '열정' 등이다. 하지만 해당 기업의 사업방향이 확장 추세에 있다면 위의 세 가지 중 '열정'에 좀 더 많은 비중을 둘 것이다. 사업방향이 정체되어 있다면 '창의성'을 바탕으로 혁신과 변화를 모색할 수도 있을 것이다. 홈페이지를 꼼꼼히 보면서 여러분이 이 회사에 어떻게 적합한지에 관한 공통점을 꼭 찾아보도록 하자. 특히, 기업의 홈페이지에 있는 지속가능 경영보고서를 참고로 보아야 한다. 기업의 지속가능 경영보고서는 기업이 앞으로 어떠한 중, 장기 전략으로 어떠한 방향성을 가지고 나가게 될 것인지를 회사가 이정표로 만들어 놓은 자료이다. 따라서 취업준비생들은 이 내용을 통해 지원회사의 미래 비전과 추구하는 방향을 알 수 있을 것이다.

취업자의 바이블 '전자공시시스템(dart.fss.or.kr)'을 꼭 확인!

취업 준비하는 학생들을 보면 대부분 알고 있지만, 또한 모르는 학생들이 많은 부분이 전자공시시스템이다. 실질적으로 상장된 기업은 외부고객, 즉 주주에게 자사의 현황을 정확히 알려주어야 할 의무를 가지게 된다. 이러한 변동사항을 의무적으로 기재하는 것이 전자공시시스템이다. 인터넷에서 www.dart.fss.or.kr로 들어가면 볼 수 있는데, 여기서 반드시 보아야 할 항목이 사업보고서이다. 제일 먼저 홈페이지에 들어가서 회사명을 입력한 뒤 기간을 1년으로 두고 정기공시를 클릭한다. 사업보고서를 선택한 후 검색을 누르면 사업보고서가 나온다. 여기서 4가지 정도를 반드시 보고 확인해야 한다. 첫 번째로 '회사의 개요'이다. 이 부분을 통해 회사가 언제 설립이 되었는지, 주요 사업내용이 무엇인지를 볼 수 있다. 다음으로 확인해야 할 내용이 '사업의 내용'이다. 이 항목에서는 기본적으로 산업의 특성과 영업현황을 구체적으로 기술하고 있다. 이 부분을 통해 기업의 현황을 정확히 알 수 있다. 다음으로 '재무에 관한 사항'을 살펴보면 재무제표 항목에서 손익계산서를 필히 들어가서 매출액, 영업이익현황을 기반으로 흑자가 나고 있는 기업인지 아니면 적자가 나고 있는 기업인지를 명확히 확인해보아야 한다. 즉, 과거 몇 년 전만 하더라도 우리가 알고 있는 대기업 중에는 현재 워크아웃 되거나 파산한 기업도 존재한다. 기업의 본질적인 영업이익과 수익률을 통해 이 기업이 정말 이익이 나고 있는지를 명확히 파악해서 내가 지원해도 되는 기업인지를 확인해보아야 한다. 마지막으로 '임원 및 직원의 현황'을 통해 상시근로자 수가 어느 정도 되는지도 참조로 볼 수 있다. 취업준비생들이 공시자료를 반드시 보아야 하는 이유는 정확성 때문이다. 공시자료에 잘못된 자료를 올리게 되면 회사가 많은 손해를 볼 수 있기 때문에 기업에서는 일반적으로 가장 중요하게 챙기는 자료이다. 만약에 상장기업이 아닌 경우는 최근 3개월 간의 내용을 구글링해서 관련 기사를 분석하고 준비한 후 자기소개서와 면접에 활용해야 할 것이다.

매출액 1000대 기업 자료 확인해 보기

이 부분을 활용해서 내가 갈 회사를 검색하는 것도 좋은 방법이라 할 수 있다. 학생들은 통상 흔히 잘 알려지고 인지되어 있는 기업들만 찾고 있지만 굉장히 좋은 회사들이 많이 있고, 숨겨진 알짜기업 또한 많다. 여러분은 어느 정도의 기업들을 알고 있는가? 적어도 수십만 개의 기업 중에 1000대 기업에 들어간다면 시스템, 체계가 어느 정도 되어 있고, 적어도 3천억 이상의 매출을 올리고 있는 기업들이다. 이러한 기업들을 바라보는 시야를 확대해서 바라본다면 여러분의 가능성은 훨씬 더 상승할 수 있다. 취업사이트에서 내가 가고자 하는 직무를 검색하고, 그 기업에 대한 정보를 추가로 확인하기 위해 1000대 기업에 해당하는지도 확인한다. 전자공시시스템을 통해서 기업의 실적과 상황을 본다면 분명히 더 구체적으로 괜찮은 기업들을 검색할 수 있을 것이다. 이러한 분석 방법을 통해 내가 확신이 선다면 이후에 해당 기업에 적극 도전하는 것이 합격에 중요한 관건이 될 것이다.

직무 관련 자료는
어떻게 찾아야 하나?

구체적이고 명확한 직무 선택을 위해선 가급적 상세한 직무내용을 숙지하고 있어야 한다. 하지만 직무내용을 자세히 알 길이 없어 그저 직무명에서 느껴지는 이미지로 해당 직무를 이해하고 있는 경우가 허다하다. 어떤 경우에는 직무명과 직무내용이 전혀 다른데도 각각의 직무명에서 떠오르는 이미지가 비슷한 관계로 동일 내지는 유사한 직무로 이해하고 있는 경우도 있다. 그렇다면 직무내용은 어떻게 파악해볼 수 있을까.

워크넷, 한국고용정보원 직업동영상, 기업 채용사이트에서 꼼꼼하게 직무를 파악하라

최근에는 직무에 대한 내용정의를 인터넷을 통해 비교적 쉽게 찾아볼 수 있다. 포털사이트에서 직무명만 타이핑해도 관련 내용들이 많이 나온다. 다만 좀 더 정확하게 찾을 수 있는 방법 몇 가지를 소개한다.

먼저 워크넷을 활용하는 방법이다. 워크넷은 고용노동부에서 운영하는 사이트로 다양한 직업에 대한 내용이 체계적으로 정리되어 있다. 하지

만 직무에 대한 정의가 너무 세분화 되어 있는 경향이 있고 설명이 비교적 단편적이어서 직무를 잘 모르는 취업준비생이 직무의 디테일한 정의까지 파악하는 데에는 다소 어렵게 느껴질 수 있다. 방대한 양의 직무내용을 정의하다 보니 어쩔 수 없는 상황이라 생각된다. 직무 선택의 초기 단계에 희망직무의 방향 설정을 하는 데에 활용하면 좋다.

다음으로 한국고용정보원 사이버진로교육센터에서 운영하는 직업동영상을 활용하는 방법이 있다. 각 분야에서 실제 해당 직무에 종사하고 있는 재직자들과의 인터뷰 동영상을 제공하고 있다. 동영상 시간은 길지 않지만 비교적 자세하게 해당 직무에 대한 설명을 담고 있다. 해당 직무의 역할과 내용을 현직자의 인터뷰를 통해 개략적이고 사실적으로 이해하는 데 도움이 된다.

동일 산업군 대기업의 채용사이트에 정의된 직무내용을 참고하는 것도 좋은 방법이다. 예를 들어 IT업종을 희망하는 지원자의 경우 지원하고자 하는 기업에서 직무 관련 정보를 제공하는 사이트가 존재하지 않는다면 네이버 채용사이트를 활용하면 된다. IT 관련 직무들에 대한 정의와 설명, 요구점들이 잘 정리되어 있다.

이 외에도 롯데나 CJ 등 여러 회사들이 자체 채용사이트를 운영하며 비교적 자세한 직무 관련 정보들을 제공하고 있다.

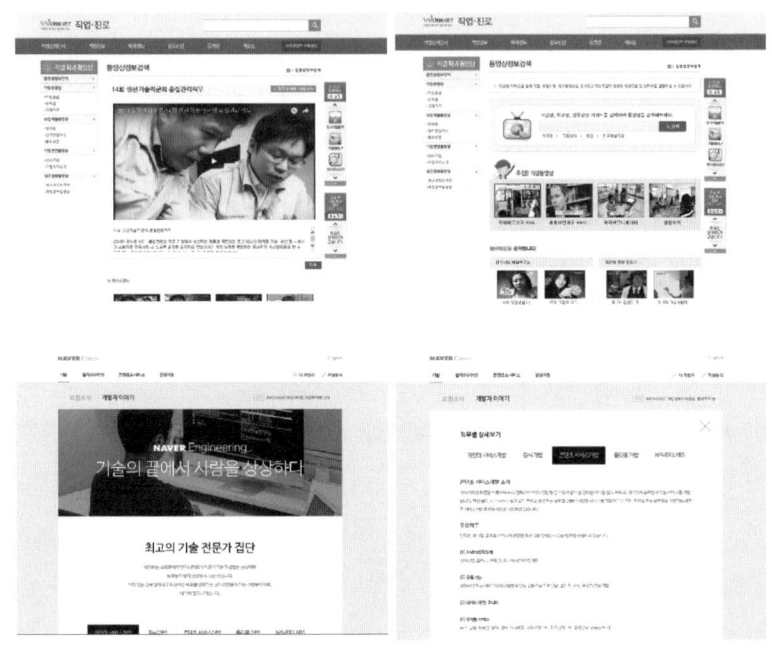

인턴십, 취업선배를 통해서 지원직무를 이해하자

인턴십과정을 통해 직무를 직접 이해해보는 방법도 있다. 사실 짧은 인턴십과정 중에 맡은 바 직무를 세밀하게 이해한다는 건 어려운 일이다. 하지만 인턴기간 중 조직 내 재직자들에게 직무에 대해 물어본다면 세밀한 업무내용에 대해 들어볼 수 있다. 이때 막연히 무슨 일을 하는지에 대해 묻기보다는 회사규정 등에 나와 있는 부서별 직무분장을 훑어보고 이해가 잘 가지 않는 직무내용을 우선순위로 하여 구체적으로 물어보는 게 좋다.

인턴십에 참여할 기회가 없었다면 현직자를 직접 만나 물어보는 방법도 있다. 동문회 주소록 등을 통해 연락처를 확인한 뒤 메일을 보내보거나 직접 전화를 해보는 방법으로 재직 중인 선배와 연락을 취해보자. 후

배임을 밝히고 취업 준비에 필요한 부분이라는 자초지종을 밝히면 도움을 주지 않을 선배는 거의 없다. 기수 차이가 많이 나는 선배, 우리 과 선배가 아닌 다른 선배, 안면이 전혀 없는 선배라고 해서 연락을 주저하지 마라. 그 한 번의 시도가 다른 경쟁자들과는 전혀 다른 콘텐츠를 가질 수 있는 시작점이 될 수 있음을 명심해야 한다.

세계적으로 저명한 물리학자인 A.L. 바라바시(Albert-Laszlo Barabasi)는 네트워크의 개념과 중요성에 대한 이야기가 담긴 자신의 저서『링크』를 통해 다음과 같이 이야기하고 있다.

"자신이 사회적 연결을 활용해서 어떻게 새로운 직업을 얻는가를 알아내기 위해 관리직과 전문직 종사자 수십여 명에게 누가 현재의 직업을 찾는 데 도움을 주었는지 물었다. 그것은 친구였는가? 하지만 대부분의 대답은 친구가 아니라 그냥 '아는 사람(acquaintance)'이었다고 한다."

포트폴리오를 통해
회사가 보고 싶어 하는 것

최근 기업의 채용 트렌드를 보면 포트폴리오를 제출하라고 하는 기업이 종종 있다. 현대차 계약학과 면접 시, 삼성전자 인턴 전환 시, 엘지이노텍 2차면접 시, NS홈쇼핑 면접 등 많은 기업들이 포트폴리오를 통해 지원자의 역량을 보고 있다. 그렇다면 과연 기업들은 포트폴리오를 왜 보고 있으며, 이것을 통해서 무엇을 알고 싶은 것일까?

포트폴리오를 통해 보고자 하는 것
직무적합성과 숨은 역량을 체계적으로 볼 수 있다

면접을 시행하게 되면 실질적으로 지원자의 역량을 명확히 분석해야 한다. 지원자가 긴장으로 인해서 또는 면접관이 질문을 놓치게 된다면 실제 충분히 역량을 보유하고 있음에도 불구하고 기업이 지원자의 역량을 확인하지 못하는 경우가 있다. 기업은 이런 부분을 정확히 보기 위해, 실질적으로 지원자의 역량을 정확히 보기 위해 포트폴리오를 사전에 충분한 준비를 하고 체계적으로 지원자의 역량을 확인한다.

제한된 시간에 준비와 노력을 한눈에 볼 수 있다

면접을 진행하면서 인사담당자가 많이 느끼는 부분 중 하나가 지원자에 대해 짧은 시간 동안 적합한 지원자인지 명확히 구분해내기가 쉽지 않다는 것이다. 그만큼 면접이라는 시간을 통해 지원자의 역량을 분석하기는 쉽지 않다. 때문에 제한된 양식 또는 자유 형태를 통해 포트폴리오를 발표하게 된다면 지원자의 준비와 노력을 충분히 들여다볼 수 있고, 제한된 시간 내에 지원자를 한눈에 볼 수 있다. 그렇기 때문에 포트폴리오를 통해 지원자의 준비상태를 보려고 하는 것이다.

포트폴리오 발표를 통해 프레젠테이션 능력, 논리력, 발표력을 볼 수 있다

포트폴리오를 통해 추가적으로 확인할 수 있는 것은 지원자의 프레젠테이션 발표능력이다. 즉, 프레젠테이션 자료를 잘 만든다는 개념이 아니다. 실질적으로 논리력과 구성력을 통해 해당 지원자의 역량을 볼 수 있으며, 향후 충분히 성장해서 보고를 잘할 수 있는 사람인지도 볼 수 있다. 우리가 신입사원으로 입사하면 자신의 분야의 전문가가 최초의 목표가 되지만 지원자도 성장하고 발전하기 위해서는 기획력 또한 중요하다. 이 포트폴리오를 통해 적어도 우리 기업에 입사해서 충분히 성장가능한 사람인지를 변별할 수 있는 것이다.

차별화된 개인의 특성, 개성을 볼 수 있다

최근 4차 산업혁명의 시대로 변화되면서 기업이 원하는 인재도 바뀌고 있다. 우리는 최근 기업이 원하는 인재 중 '창의성'이라는 부분을 흔히 볼 수 있다. 즉, 프리젠테이션은 제한된 지면에 나의 개성과 역량을 담게 된다. 이것을 통해 기업은 지원자의 차별화 된 역량을 볼 수 있으며 이를 통해 좀 더 면밀히 지원자의 성향과 개성도 볼 수 있는 것이다.

- **1단계** 나는 누구인가? - 자기소개(Keyworld 중심 3개)

- **2단계** 지원분야 정의

- **3단계** 지원분야의 필요역량

- **4단계** 나의 보유역량
  (전공지식, 관련 자격증, 인턴 및 경력, 프로젝트, 교육, 연수)

- **5단계** 나의 보유역량
  (해외경험, 동아리, 봉사활동, 공모전, 수상실적…)

- **6단계** 입사 후 성장계획

학년을 고려하여 미래준비 계획중심 운영

최근 잡코리아 설문조사를 보면 인사담당자의 90.8%는 포트폴리오가 채용에 영향을 미친다고 한다. 바꾸어 얘기하면 포트폴리오를 제출하라고 하는 기업들이 많이 있고, 실질적으로 기업에서도 포트폴리오를 통해서 지원자의 역량을 체계적으로 검증할 수 있으며 이를 통해 적합한 인재인지를 확인할 수 있는 것이다.

아래 내용은 기업에서 일반적으로 원하는 포트폴리오 양식 표준이다. 일반적으로 기업이 지원자를 통해 보고자 하는 것은 자기소개, 지원분야의 이해, 준비하고 노력한 것과 미래의 계획이다. 각각의 개념을 보면 다음과 같다.

첫째, 자기소개 : 기본적으로 지원자의 간략한 캐릭터(핵심 keyword) 를 통해 지원자의 개성, 관심분야 등을 보려고 한다.

둘째, 지원분야의 정의 : 해당 분야에 대해 정확히 이해하고 있는가?

셋째, 필요역량과 보유역량 : 학부과정을 통해 명확하게 본인의 미래에 대해 잘 계획하고 준비해 왔는가?

넷째, 입사 후 포부 : 본인이 앞으로 비전을 갖고 해당 분야에 대해 명확한 소신을 갖고 있는가?

취업지원자가
포트폴리오를 통해 보여줄 것

기업이 포트폴리오를 제출하라고 하면 지원자들은 스스로 '무엇을 작성해야 할까?', '어떻게 구성을 해야 할까?' 고민하게 된다. 그리고 기업이 원하는 내용이 무엇일지 걱정하고 고민하게 된다. 기업은 적어도 지원자가 우리 회사에 적합한(Right) 사람인지를 보려고 하는 것이다. 이와 관련하여 실제 포트폴리오를 통해 보여주어야 할 것을 같이 생각해보기로 한다.

포트폴리오를 통해 보여주어야 할 것
지원자가 해당 분야에 적합한(Right) 인재라는 것을 명확히 보여주어야 한다
취업을 준비하는 많은 학생은 기업에서 원하는 인재로 가장 많이 듣는 내용 중 하나가 적합한 인재(Right people)일 것이다. 과거 LG에서 최초 사용한 이후 많은 인사담당자들이 즐겨 쓰는 표현이다. 즉, 우리는 최고의 인재(Best people)가 아니라 적합한 인재를 원한다고 한다. 그렇다면 어떤 인재를 적합한 인재라고 할 수 있을까? 회사는 3가지 측면에서 이

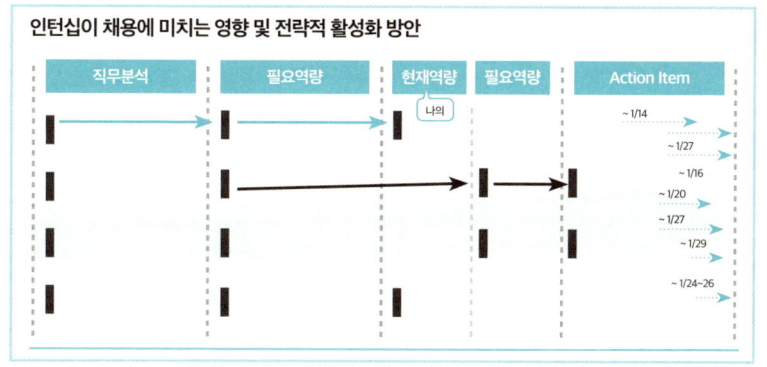

부분을 보고 있다. 즉, '우리 회사에 적합한 인재인지, 이 직무에 적합한 인재인지, 우리 조직에 적합한 인재인지'라는 관점이다. 그렇다면 지원자가 포트폴리오를 통해 이 3가지를 정확히 보여주었을 때 기업은 그 지원자가 적합하고 뽑아야 한다고 결정할 것이다. 그렇다면 포트폴리오를 통해 어떻게 보여줄 수 있을까?

위의 표는 저자가 실제 우리나라 60만 개 기업 중 320개 공채 인턴십을 수행하는 기업에 '인턴십이 채용에 미치는 영향'을 직접 설문조사하여 72개의 기업을 분석했던 자료를 기반으로 작성한 내용이다.

우리나라 인사담당자들에 따르면 신입사원을 뽑을 때 지원자가 가장 부족하다고 생각하는 부분 중 하나가 '소신'이라고 한다. 내가 지원하는 분야에 대한 확신과 입사 후 본인 지원분야에 대한 방향성이 신입사원들에게 부족하다고 생각하는 것이다. 이를 역으로 말하면 내가 해당 부분에 대해 명확한 소신을 갖고 기업 인사담당자에게 '소신'을 보여준다면 다른 지원자보다 해당 분야에 경쟁우위를 확보할 수 있다는 의미이기도 하다. 그렇다면 남과 차별될 수 있는 포트폴리오를 작성하는 방법을 소개해보기로 하겠다.

효과적인 포트폴리오 작성방법

먼저 내가 지원하는 부분에 대한 면밀한 분석이 필요하다. 4장에서 가장 먼저 나오는 '산업의 핵심트렌드'를 분석하고, '기업분석을 통해 기업의 가치'를 살펴본 후 '직무분석을 통해 내가 지원한 분야에 대한 명확한 직무의 정의'를 설명할 수 있어야 한다. 이 과정을 수행하게 되면 실질적으로 필요한 역량(지식, 기술·경험, 태도)을 내 스스로 뽑아볼 수 있다. 이후에 '내가 보유한 전공지식, 경험은 무엇인지' 그리고, '나는 어떤 성향을 가지고 있는지'에 대한 현재의 역량을 보여줄 수 있어야 한다. 필요역량은 '내가 지금 보유하고 있지 않지만, 앞으로 이 일을 수행하기 위해 이후 수행해야 할 필요역량을 분석하고 이것을 언제까지 하겠다'는 액션 아이템(Action Item)을 작성하는 것이다. 이 과정을 통해 내가 스스로 지원하는 분야의 직무분석 → 필요역량 → 나의 현재, 미래역량 → 미래 계획을 만들 수 있게 되는 것이다.

이러한 분석과정을 거쳤을 때 비로소 자연스럽게 "내가 지원하는 직무는 ○○○, ○○○, ○○○것을 수행하게 됩니다. 저는 이 분야의 핵심역량이 ○○○, ○○○라고 생각하고, 이 분야에 내가 보유한 역량이 ○○○입니다. 또한 부족한 부분은 ○○○역량인데, 앞으로 언제까지 ○○○ 노력을 통해 이를 보완하기 위해 노력하겠습니다"와 같은 자신의 소신을 명확히 제시할 수 있는 것이다.

포트폴리오 작성방법 1 : 기업별 작성항목사례

기업은 지원자의 준비도에 따라 판단의 오류를 가져오는 것을 예방하기 위해 지원자가 지원한 분야를 미리 준비해서 보여주도록 포트폴리오를 작성케 한다. 지원자의 포트폴리오 준비과정을 통해 본인의 역량을 체계적으로 보여줄 수 있는 기획력도 보려고 한다. 지원자도 내가 해당 기업에 적합하다는 것을 보여줌으로 인해 해당 기업에서 충분히 나의 역량을 발휘할 수 있다는 자신감을 보여주는 것이기도 하다. 그렇다면 이번에는 각 기업들이 실제 시행하고 있는 포트폴리오 사례를 통해 지원자들에게 어떤 것을 보고 있는지 살펴보기로 한다.

기업별 포트폴리오 작성방법

삼성전자

삼성전자의 경우는 상반기 인턴 이후에 포트폴리오 발표를 통해 면접을 진행하고 발표를 확정한다. 작성항목을 보면, 크게 자기소개(3개의 keyword), 전공과목 포지셔닝 맵, 대표 전공, 프로젝트, 인턴과정 수행한 업무, 인턴과정을 통해 성취한 것, 나의 커리어 로드맵을 제출하고 실제 면접을 통해 발표를 하고 있다.

● 보고자 하는 것

본인을 3개의 단어로 설명하라고 하여 지원자에 대한 분석을 하고, 전공에 대한 성취도를 보고 있다. 또한, 학부시절에 해당 분야에 대한 노력과 준비상태를 보고 인턴과정을 통해 본인이 해당 직무에 얼마나 잘 적응했는지를 본다. 이를 통해 실질적으로 향후의 본인의 입사 후 포부를 통해 충분히 구체적이고 실천 가능한 본인의 비전을 펼칠 수 있는 인재인지 확인하고 있다.

현대자동차

현대자동차는 연구 대학원생을 충원 시 포트폴리오를 제출하도록 하고 있다. 작성항목을 보면, 전공과목 포지셔닝 맵, 향후 학업계획, 지원분야와 관심직무, 수행했던 경험·학업활동, 세부학습계획을 제출하고 면접을 통해 준비상황을 확인하고 있다. 또한 석사과정의 계획을 제출하도록 하고 있다.

● 보고자 하는 것

석사과정을 통해 연구하는 부분이 졸업 후 자사에 충분히 연관성을 가지고 있는지와 해당 분야의 학부과정에 준비하고 노력한 것이 무엇인지를 확인하여 잠재역량과 성과를 확인하고자 한다. 이를 통해 지원한 분야에 대한 과거, 현재, 미래 관점을 통해 일관된 성과를 보이고 있는지를 확인하는 것이다.

LG전자

LG전자는 개발분야 채용 시 포트폴리오를 제출하도록 하고 있다. 작성항목을 보면, 관련 분야 전공 수강과목, 프로젝트 경험, 지원직무의 보

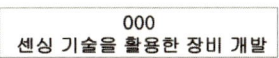

1. 전공 수강 과목

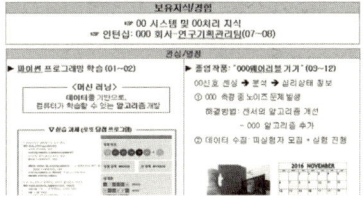

2. 프로젝트 경험

3. 지원직무에 대한 보유지식/경험 및 관심/열정

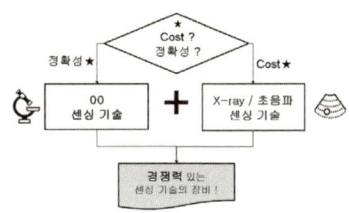

4. 지원본부 및 직무에 기여할 수 있는 Idea!

유지식과 관심·열정, 지원분야에 기여할 수 있는 아이디어를 제출하고 면접을 통해 준비상황을 확인하고 있다.

● 보고자 하는 것

기본적으로 본인이 지원한 분야에서 어떤 일을 하고 있으며, 이와 관련해서 준비도는 어느 정도인지 명확히 분석한다. 관련 분야에 대한 지원자의 노력과 열정을 통해 얼마나 적합하게 공부하고 준비해 왔는지를 보고자 하는 것이다.

기타

많은 기업들이 포트폴리오를 제출하도록 하지만, 몇 가지 공통사항을 확인하면 자기소개, 해당 분야의 필요역량, 보유역량, 준비과정, 입사 후 포부 등의 내용을 보고 있다. 이는 해당 기업에 오기 위해서 관련 분야의 직무를 명확히 이해하고 있고, 관련 준비를 철저히 했는지와 앞으로 본인의 미래 비전 확인을 통해 지원자의 '소신'을 검증하고 있음을 알 수 있다.

포트폴리오 작성방법 2 : 작성요령

이번 장에서는 실질적으로 기업에 내가 적합한 인재라는 것을 증명하는 포트폴리오를 어떻게 만들 수 있을지 한번 항목별로 살펴보고자 한다. 물론 포트폴리오 형태는 자율적으로 만드는 기업들이 많기 때문에 어떠한 필수항목이 반드시 존재한다고 할 수는 없지만, 잘 구성해서 본인이 지원한 분야에 대해 적합한 역량을 보여줄 수 있도록 하자.

포트폴리오 작성방법

1단계 : 나는 누구인가?(자기소개 keyword 중심 3개) 회사에 나를 소개하는 내용이다. 자기소개라고 할 수도 있지만, 3개 정도의 자신을 나타낼 수 있는 키워드를 통해 명확히 본인의 개성 있는 모습을 보여줄 수 있어야 한다.

2단계 : 지원분야의 정의 많은 지원자들이 본인이 지원한 분야를 1분 이상 소개하지 못하고 있다. 이 단계를 통해 지원한 분야를 명확히 정의내리고 해당 분야에 대한 전문성을 보여주어야 한다.

3단계 : 지원분야의 필요역량 관련 분야의 직무분석을 통해 내가 지원한 분야의 필요역량을 확인하는 단계이다. 해당 부분에 대한 정확한 분석을 통해 다음 단계에 적합한 나의 역량을 보여줄 수 있어야 한다.

4단계 : 지원분야 보유역량(전공지식, 관련 자격증, 인턴 및 경력, 교육, 연수) 내가 지원한 분야의 보유역량이다. 해당 단계는 내가 지원한 분야와 연관된 관련 전공, 자격증 등을 어필해서 기업에서 충분히 호감을 보일 수 있도록 구성해야 한다.

5단계 : 그 외 나의 보유역량(해외경험, 동아리, 봉사활동, 공모전, 수상실적 등) 기업에서는 단지 직무역량만을 보지 않는다. 지금까지 나의 인생에서 가장 보람 있었던 것, 또는 내가 살아오면서 가치 있다고 생각했던 것을 잘 준비해서 나의 다양한 역량도 보여줄 수 있어야 한다.

6단계 : 입사 후 성장계획 5단계까지가 명확히 분석이 되고 작성이 된다면 6단계를 통해 나의 포부를 막연하지 않게 구체적으로 설명할 수 있어야 한다. 두루뭉술하지 않고 정확하게 나의 포부를 보여줌으로써 과거, 현재, 미래에 적합한 인재임을 다시 한 번 증명할 수 있어야 한다.

이러한 과정을 통해 실질적으로 본인의 지원분야를 분석하고 직접 해당 항목의 내용을 작성한다면 분명 여러분이 제출한 포트폴리오는 단순한 제출용뿐만 아니라 면접에서도 명확히 내가 지원한 분야에 대한 정의와 '나를 뽑아야 하는 이유'로 설명할 수 있을 것이다.

실제 학생의 사례를 보도록 하자. 이 학생은 R&D 하드웨어 지원자로서 다음과 같은 포트폴리오를 회사에 제출했다.

1단계(지원분야 정의) : R&D 분야의 역량분석 - 지원분야에 대해 명확한 정의를 내린다.

지원 분야 step 01

1. 제품 개발
- 회로 구성 및 필요 Component 개발
- Process를 관리하고 제품 개발 완료 후 양산 지원
- BOM(Bill of Material) 및 제품/조정 규격서 등의 문서 작성

2. 제품 생산 SUPPORT
- 제품에 대한 작업지도서 작성, 작업 능률 향상 방안 도출 및 적용
- 양산 단계에서 발생되는 문제점에 대한 검토 및 해결 방안 수립
- 양산 모델의 FIELD CLAIM에 대해 분석하여 원인 및 개선방안 도출 및 적용

3. 원가 절감 활동
- 부품의 원가 절감 Idea 발굴 및 적용
- 부품 Multi sourcing을 통한 CI(Cost Innovation)활동을 구매부서와 공동으로 수행
- PCB 및 부품의 최적화.공용화 설계를 통한 CI활동 진행

4. 신제품 발굴 및 특허 출원
- 새로운 Concept의 제품 생산을 위한 아이디어 발굴 및 제품화
- 신기술의 제품 개발
- 개량된 기술, 새로운 방식의 제품, 상품화 가능한 아이디어를 발굴하여 특허 출원을 통해 지적 재산권을 확보

2단계(필요역량) : 해당 직무를 수행하기 위한 필요역량을 직무를 중심으로 분석 기술한다. R&D역량을 수행할 수 있도록 전공역량과 글로벌마인드로 필요한 역량을 분석했다.

필요 역량 step 02

Major	English
• 전자회로, MICOM 등 전기 전자에 대한 전반적인 이해 • 신기술의 제품 개발 • 회로에 대한 문제 해결 능력 (문제점의 원인 및 개선책 수립)	• Engineering Meeting, Spec 분석, 해외출장 및 해외주재원 근무를 할 수 있는 어학 실력

3단계(나의 보유역량) : 필요역량에 본인의 강점을 세부적으로 분석하여 충분히 필요역량을 수행할 수 있음을 어필하고 있다.

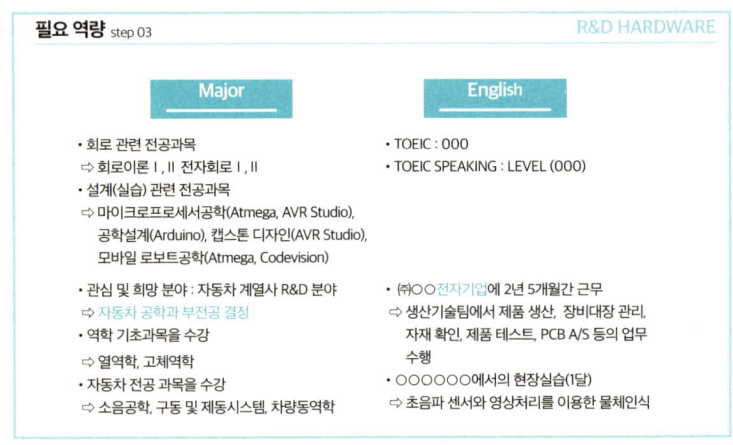

4단계(입사 후 포부) : 본인이 입사 후 향후 본인의 목표를 제시하고 있다.

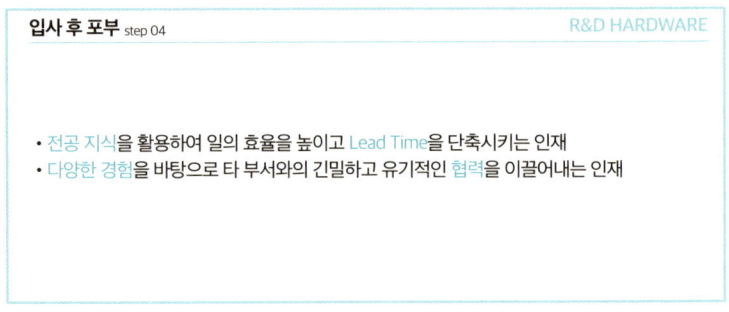

기술 트렌드 분석 및 노하우

자동차 업계의 기술 트렌드 분석방법

현재 자동차 업계의 최대 이슈는 무엇일까? 사람마다 다소 의견 차이가 있겠지만 스마트카와 차량 경량화, 이 두 가지로 구분하는 것에 대해서는 그리 큰 이견이 없을 것 같다. 그리고 스마트카와 차량 경량화는 문화적 키워드가 아니다. 철저하게 기술적 기반을 통해 실현되는 것이기 때문이다.

이 중 스마트카의 기술적 핵심은 커넥티드카로 정의할 수 있다. 커넥티드카는 달리는 핸드폰이라는 말이 있듯이 인터넷이 연결된 자동차를 말한다. 인터넷을 통해 차량의 원격제어는 물론이고 실시간으로 수집되고 분석되는 다양한 교통 정보를 통해 자율주행이 가능한 무인자동차까지 실현시킬 수 있는 기술의 정점을 말한다. 실제로 L기업은 최근에 진행된 국제전자제품박람회(CES)에서 차량에 이식된 자사의 원격컨트롤시스템으로 차량에 설치된 시스템을 통하여 이동 중인 자택의 거실에 불을 켜고 에어컨과 난방을 제어하는 기술을 선보이며 자신이 개발 중인 시스템에 대한 자부심을 어필했다.

다음으로, 차량 경량화의 기술적 핵심은 경량화 소재의 개발과 설계와 공법의 개선에 있다. 차량 경량화는 자동차의 핵심성능인 가속력과 제동력을 높이기 위해 꼭 필요한 기술이며, 나아가 연비에 직접적인 영향을 미치는 요소이기에 친환경까지 아우르는 중요한 개념이다. 따라서 자동차 연관산업에 속한 기업으로서는 절대로 포기할 수 없는 분야이며 치열하게 연구에 집중하고 있는 분야이다. 이에, 소재 전문 기업인 H기업은 GMT(Glass fiber Mat reinforced Thermoplastics)과 같은 첨단 신소재의 개발에 기업의 모든 역량을 걸고 있다. H테크놀로지 역시 하이드로밍포밍(Hydroforming)과 같은 특수금형기술을 개발하고 유지시키는 데 집중하고 있다. 이외에도 H자동차와 같은 많은 기업들이 핫스템핑(Hot Stamping)과 맞춤형 블랭킹(Blanking) 등의 공법개선과 기술혁신에 기업의 사활을 걸고 노력하고 있다.

지원기업이 추구하는 핵심·원천기술을 알아둬야 하는 이유

이공계가 아닌 사람들이 보기에 이와 같은 이야기는 다소 외계어처럼 느껴지는 부분이 있겠지만, 실제로 많은 기업의 다양한 연구개발부서가 존재하는 이유가 바로 이같은 기술적 트렌드를 실현시키고자 하는 데 있다. 이와 같은 업계의 트렌드는 항공업계에서의 드론, 식품업계의 즉석식품, 유통업계의 옴니채널, 금융업계에서의 복합점포, 건축업계의 친환경 자재, 화장품업계의 내추럴 소재, 통신업계의 Home IOT 등과 같이 조금만 검색해봐도 알 수 있는 정보이다. 오히려 이를 모르고 있다는 인상을 주면 취업에 불리해지는 것이다.

따라서 이공계이거나 비이공계이거나 지원하는 기업이 추구하는 핵심 기술 및 원천기술의 이유를 업계의 기술트렌드에서 찾아서 의미를 부여할 필요가 있다. 자신의 다양한 전공과목 중에서도 업계의 최신 트렌드와 밀접한 관련성이 있는 전공과목을 별도로 구별하여 정리할 필요가 있다.

그럼, 이와 같은 기술 트렌드를 효과적으로 수집하는 방법에 관한 노하우를 알려주겠다. 의외로 간단하다. 세상의 모든 산업분야에는 해당 박람회 또는 전시회가 존재한다. 위에서 언급한 CES가 대표적이고 모터쇼가 대표적이며 그 외에 무수한 '국제' 전시회 컨퍼런스가 대표적이다. 친절하게도 많은 기자들이 이와 같은 박람회를 취재하여 친절하게 최신 기술의 트렌드를 분석해주고 있다. 만일, 기술적 트렌드에 대해 아무리 검색해도 정보를 얻기 힘든 상황이라면 관련 박람회나 전시회를 키워드로 넣고 검색해보는 것도 좋은 방법이다. 다른 지원자들이 언급하지 않는 더욱 더 차별화 된 정보를 얻게 될 것이다. 이는 확실한 경쟁력의 요소가 된다.

필연적으로 요구되는
직무 선택의 필요성

취업을 준비하는 과정에서 수없이 많은 탐색과 선택을 반복한다. 이 중 절대 빼놓을 수 없는 한 가지가 바로 직무의 선택이다. 그렇다면 직무를 선택하는 목적은 기업이 직무에 맞는 인재를 선발하려고 하기 때문일까? 틀린 이야기는 아니지만 직무 선택이 필요한 목적은 기업의 요구를 충족시키는 데에만 있지는 않다.

자신이 희망하는 직무를 선택해야 하는 이유

회사에 입사하게 되면 가장 크게 와 닿는 두 가지 측면이 있다. 바로 조직 내에서의 사람들과의 '관계'와 자신이 맡은 역할인 '직무'다. 이 중에 '직무'는 회사조직 내에서 자신의 전문성을 통해 역할을 수행하고 존재감을 드러내는 굉장히 중요한 요소다. 헌데 직무에 대해 별 생각 없이 입사한 후 맡은 직무가 자신이 생각했던 것과 차이가 많고, 역할 수행이 만족감을 얻거나 자기 스스로를 발전시키기 위한 포부에 부합되기 어렵다면? 최소 5-10년 혹은 평생을 해야 할 일인데 밀려드는 회의감으로 밤잠을 이루기 어려울 것이다. 최악의 경우 어렵게 입사한 회사를 퇴사하고 새로운 회사를 찾게 되는 일이 벌어질 수 있다.

위의 어떠한 경우라 하더라도 취업을 준비하는 취업준비생의 입장에서 직무 선택 없이 막연히 취업을 준비하고 있다면 망망대해에서 나침반 없이 신대륙을 찾아가는 것과 별반 다르지 않다. 어쩌다 운 좋게 도착한 신대륙이라 하더라도 자신이 정착해 살기 어려운 환경일 수도 있다.

기업들은 채용전반에 있어 직무에 대한 적합성을 강조하고 있다. PT면접 한 가지를 보더라도 이공계분야 직무와 인문사회분야 직무에 대해 주제부터 방법까지 달리 하는 기업들도 많다. 그만큼 지원자의 직무적합성을 고려해서 채용을 진행한다는 이야기다. 필요한 인력보다 지원자가 훨씬 많은 상황에서 우수한 인재를 가려 뽑기 위한 수단으로만 생각해서는 안 된다. 분명 우수인재를 가려 뽑겠다는 의지가 반영된 부분도 있겠지만, 기업의 인사제도가 과거에는 연공(연공: 여러 해 동안 근무한 공로)에 의해 승진과 연봉 결정 등이 이루어졌다면 최근에는 구성원의 직무능력과 성과에 의해 결정되는 구조로 바뀌었다는 점도 상당부분 작용했다. 기업 내부의 인사제도가 이렇게 바뀌고 있는데 새로 채용하는 신입사원들도 회사가 운용하는 새로운 인사제도에 맞게 선발하는 건 당연한 일이 아닐까. 결국 직무적합성을 고려한 신입사원의 선발은 우수인재를 확보하고자 하는 목적 외에 기업내부 인사시스템의 구조적 변화도 큰 몫을 차지하고 있다고 볼 수 있다.

어려운 채용과정을 거쳐 최종적으로 입사에 성공했다고 가정해보자. 주말과 공휴일을 제외하곤 매일 자신의 일터로 출근을 해야 한다. 일반적으로 회사에서 생활하는 시간은 점심시간을 포함하여 9~11시간이 된다. 평균적으로 10시간이라 가정한다면 우리가 잠자는 시간을 제외하고 통상적으로 활동하는 시간인 약 16시간 중에 63% 정도를 차지한다. 출근준비시간과 출퇴근시간을 합하여 2시간반 정도라고 가정하면 하루 활동

시간 중 회사생활에 투여되는 시간은 무려 78%에 이른다. 활동시간 대부분을 회사 업무에 할애한다는 이야기다. 만약 자신이 맡은 직무가 인사업무인데 사람들과의 만남이나 관계가 어렵게 느껴지는 반면 혼자 집중해서 해야 하는 객관적 데이터 가공 등을 통한 분석 업무가 적성에 잘 맞는다면, 하루의 대부분을 적성에 맞지 않는 일을 하고 있게 되는 것이다. 실제로 입사 후 1년 이내에 퇴사하는 신입사원의 수가 의외로 많다. 대기업이라는 회사의 네임밸류와 다소 높은 연봉을 바라보고 입사하였지만 막상 직무가 자신과 잘 맞지 않는다는 이유로 퇴사를 결심하는 것이다. 조직문화가 잘 맞지 않는 경우도 있지만 직무가 맞지 않아서인 경우가 더 빈번하다. 직무보단 회사의 네임밸류를 좇아왔거나, 직무를 단지 직무명에 풍기는 이미지만으로 이해하고 입사를 한 경우인 거다. 취업이 어려운 이 시기에 직무보단 일단 입사가 중요한 게 아니냐고 반문할 수 있다. 물론 취업이 어렵고 어딘가에 입사한다는 것 자체가 대단한 일임에 이의(異議)를 제기하고 싶진 않다. 하지만 취업 이후 본인이 앞으로 수십 년간 해야 할 일에 대해 고민해보지 않는다면, 뼈를 깎는 노력을 통해 성공한 취업이 하루아침에 물거품이 될 수 있음을 명심해야 한다.

직무 선택, 자신이 원하는 기업을 선택할 수 있는 방향성 제시

취업준비생은 직무의 선택을 통해 취업 준비과정에서 자기 스스로에게 방향성을 부여하게 된다. 하다못해 자기소개 내용을 정리하더라도 하고자 하는 직무가 구체적으로 명확하면 구체적으로 설득력 있는 내용을 작성할 수 있다. 지원한 직무를 잘하기 위해 '구체적으로 했던 노력과 경험'에 대해 이야기하는 것과 그저 '열심히 하겠다'라고 이야기하는 건 누가 봐도 큰 차이가 날 수밖에 없다.

직무 선택은 취업 준비의 첫걸음이다. 직무 선택을 위해선 자신에 대한 분석이 우선되어야 할 것이다. 자신이 잘할 수 있는 것과 그렇지 못한 것을 구분하고 자신이 지원하고자 하는 직무에 자기 스스로의 준비가 잘 되어 있는지를 파악해야 한다. 생산기술 관련 직무에 아무런 전공지식이 없는 사람이 단지 인간관계가 좋고 커뮤니케이션을 잘해 생산 업무에 적합하다는 이유로 지원한다면 이보다 더 어리석은 일이 어디 있겠는가.

선택한 직무의 내용을 파악하는 것도 중요하다. 자신이 선택한 직무의 내용이 기존에 자신이 알고 있는 것과 다른 일을 하는 직무라면 어떻게 하겠는가. 예전 강의 중 '머천다이저'라는 직무에 대해 설명하고 있었는데 한 학생이 손을 들고 질문을 했다. "선생님. 머천다이저가 되기 위해서는 패션 관련 산업에 대해 잘 알아야 하나요?" 우리가 흔히 MD라고 부르는 머천다이저는 상품기획 관련 직무를 수행하는 사람을 의미한다. 그런데 왜 패션? 이 질문을 한 학생은 머천다이저라는 직무가 패션업에만 있는 걸로 알고 있었던 것이다. 이렇듯 전혀 예상치 못하게 잘못된 직무내용을 알고 있는 경우들이 있다.

직무적합성은
전공과 자격증으로만 결정되는가?

최근 기업들은 직무역량을 최우선으로 채용을 진행하고 있다. 직무 관련 경험으로부터 관련 자격에 이르기까지 지원자가 갖춘 다양한 요소들로 직무적합성을 평가한다. 직무와 연관된 전공, 자격증 등 우리가 흔히 이야기하는 스펙은 별도의 설명 없이도 모든 지원자들이 잘 이해하고 숙지하고 있다. 그렇다면 직무 관련 경험에 대한 부분은 어떨까?

직무 수행을 위한 자신의 구체적 경험을 제시하라

마케팅 직무를 희망하는 지원자가 있다고 가정해보자. 직무역량을 우선하는 기업에 지원하며 자기소개서를 작성하고 면접을 준비하다 보면 '직무 관련 경험'이라는 벽에 부딪히게 된다. 경영학 관련 전공자라면 수업을 통해 마케팅이란 학문을 조금이나마 접해 보았을 것이다. 하지만 그 외에는 경험은커녕 학문적으로도 마케팅을 만나본 적이 없다. 그럼에도 기업들은 회사경력이 없는 신입사원을 채용하면서 경력직들만이 가질 법한 직무경험을 묻는다. 궁여지책으로 인턴경험 중에 마케팅부서 일을 잠시 도와줬던 경험을 이야기하기도 하고, 아르바이트 하면서 점포매출을 올리기 위해 꼼수를 냈던 경험을 이야기하기도 한다. 하지만 기업이 원하는 직무 관련 경험은 이런 것들이 아니다.

기업도 신입 지원자들이 직접적인 직무경험을 가지고 있을 거라 생각하지 않는다. 기업들이 이야기하는 직무 관련 경험이란 직무를 잘 수행하기 위한 직무역량에 해당되는 부분에 연관된 경험을 이야기하는 것이다. 마케팅 관련 직무경험을 이야기하려면 실제 마케팅 업무를 했던 경험을 이야기하는 것이 아니라, 마케팅 직무를 잘하기 위해 갖춰야 할 역량을 보여줄 수 있는 경험을 이야기해야 하는 것이다.

마케팅 직무를 잘하기 위해 요구되는 역량이 '창의성'이라고 한다면, 지원자는 자신의 창의성을 보여줄 수 있는 구체적 경험사례를 이야기해야 한다. 하지만 이 경험사례는 직접적으로 마케팅 직무 혹은 관련 직무를 해봤던 사례일 필요가 전혀 없다. 자신의 창의성을 보여줄 수 있는 어떠한 경험이라 하더라도 마케팅 직무 관련 경험사례가 될 수 있다. 자신에게 주어진 과제나 문제를 남과 다른 생각 혹은 자신만의 아이디어로 해결해낸 경험사례가 있다면, 어떠한 경우라 하더라도 창의성을 보여줄 수 있는 직무 관련 경험사례가 될 수 있는 것이다.

창의역량에서 남과 다른 생각이라 함은 여러 가지 구체적 사항으로 표현할 수 있겠지만, 예를 한 가지 들어 보겠다.

○○○(단체명)의 국제봉사활동단원으로 선발되어 보름간 스리랑카에서 봉사활동을 한 적이 있었습니다. 조별 활동을 하다 보니 각 조의 입장에 따른 갈등이 생겼던 일에 대해 말씀드리고자 합니다. 당시 일의 효율성을 위해 팀원들을 3개의 조로 편성하고 동일하게 일을 분배하였는데 며칠 후 문제가 발생하였습니다. 자신의 입장만 생각한 각 조원들은 자신의 일이 다른 조에 비해 힘들다며 일의 재분배를 요청한 것입니다. 재검토를 통해 일의 재분배를 검토해볼 순 있겠지

만, 일의 재분배가 이루어질 경우 또 다른 불만이 재기될 수 있는 상황이었습니다. 이에 부팀장이었던 저는 서로를 이해할 수 있는 방안을 모색하던 중, 기존처럼 각 조가 맡은 바 일을 봉사활동 내내 지속적으로 수행할 것이 아니라 '돌아가며 다른 조의 일을 경험해보자'라는 해결방안을 제안하였습니다. 단순한 방법이지만 다른 조의 입장을 이해할 수 있는 좋은 기회가 될 거라 생각했습니다. 이후 각 조원들은 서로를 이해하는 긍정적인 변화를 가져왔고 오히려 자신들만의 입장만 생각했던 것에 미안해했습니다. 봉사활동은 더욱 짜임새 있고 단단한 조직력을 바탕으로 순조롭게 마무리 할 수 있었습니다.

위 사례는 '과거의 성공사례나 관행을 고집하지 않고 혁신적 마인드로 문제해결의 실마리를 찾는 생각'에 대한 경험으로서 창의역량을 보여주는 사례라 할 수 있겠다.

마케팅 직무는 창의, 커뮤니케이션, 도전 등의 역량을 필요로 한다. 만약 자신이 했던 어떤 경험 중에 해당 역량을 보여줄 수 있는 경험이 있다면, 이 경험은 마케팅 직무와 관련된 경험이 될 수 있다. 특정 경험사례를 통해 자신의 보유역량을 입증하고 이 역량을 원동력으로 마케팅 직무를 잘 수행할 수 있다는 어필을 하면 되는 것이다.

직무와 관련된 기본적인 역량을 갖춰라

직무와 연관된 기본적인 스펙을 갖추는 것도 물론 중요하다. 회사가 회계 직무의 신입사원을 채용하려고 한다면 관련 전공이나 관련 자격을 갖춘 지원자를 우선 고려하는 건 당연하다. 하지만 스펙만이 모든 걸 입증해주진 않는다. 회계 직무를 맡겨야 할 사람이 관련 스펙은 뛰어나지만 도덕성에 문제가 있다면 그 일을 맡길 수 있겠는가. 전공이 무관한 직무에 있어서는 학점과 영어점수가 높은 사람만이 선택받을 수 있는 걸까. 직무에 대한 내용을 정확히 파악하고 자신에 대해서도 종합적으로 잘 분석해봐야 한다. 지원하는 직무에 필요한 역량을 잘 분석해보고 적합한 직무를 선택하는 지혜가 필요하다.

최근에는 자신의 성향분석을 위한 각종 성격분석도구들도 많이 활용되고 있다. 각각의 분석도구들마다 장단점을 가지고 있으며 결과에 대한 절대적인 맹신보단 다른 요인들과 함께 종합적으로 판단하길 권한다.

분석도구 중 일반적으로 많이 알려진 MBTI는 의사이자 심리학자인 칼융의 심리유형이론을 기반으로 마이어스와 브릭스가 고안해 낸 방법이다. 총 16개의 대표적 성격유형으로 구분하고 있으며 외향—내향, 감각—직관, 사고—감정, 판단—인식의 4가지 선호지표로 성격을 측정한다. 간단하게 성격의 유형을 알아보기에는 좋으나 직무역량과의 매칭은 다소 애매한 부분이 있다.

에니어그램이란 분석도구는 성격을 9가지로 분류하는 성격유형지표이다. 이슬람지역에서 오래전부터 활용되어 오다가 러시아의 구르지예프에 의해 전 세계적으로 공개가 되었다. 인간의 성격을 9가지 유형으로 분류하고 있으며 분석을 통해 성격유형별 강점과 약점을 분류해주고 약점보완에 대한 가이드도 제공해준다. 자신의 성격을 분석하여 직무와의 매칭 여부를 검토해보는데 있어서 MBTI에 비해 조금 더 구체적 도움이 된다.

위 분석도구들은 여러 분야에서 널리 쓰이는 성격이나 성향분석을 위한 좋은 도구들임에 틀림없다. 하지만 위 도구들을 통한 성격분석 결과가 자신이 진정으로 원하는 직무에 맞지 않게 나온다면 해당 직무 선택을 포기해야 할까?

분석은 어디까지나 하나의 참고사항으로 활용해야 한다. 수많은 직무적합 요소를 파악하는 과정 중 하나라고 생각해야 한다. 직무내용을 디테일하게 이해하고 있고 적합한 역량을 갖추기 위해 꾸준히 노력해 왔는데, 분석결과가 자신과 맞지 않게 나왔다고 해서 쉽게 자신이 생각한 직무를 포기하거나 깊이 고민하는 건 어리석은 행동이다. 진정으로 원하는 직무라면 직무에 부합되지 않는 분석결과를 토대로 단점을 보완해보는 것도 좋은 방법이 될 것이다.

Q 기업이 추구하는 기술적 트렌드는 이공계에게 필요한 요소가 아닌가요? 저는 소재개발기업의 영업직에 지원할 계획입니다. 저한테는 오히려 기업과 상품에 대한 정확한 이해 그리고, 실전에서 쓸 수 있는 영업스킬이 더 필요한 거 아닌가요?

A 기업이 추구하는 기술적 트렌드의 분석은 결코 이공계만의 이슈는 아닙니다. 자신이 영업해야 할 기업의 제품 역시 이와 같은 기술적 트렌드를 바탕으로 한 차별성의 산물이기 때문입니다. 따라서, 영업 전략을 구상하고 실행함에 있어서도 이와 같은 기술적 트렌드의 관점에서 제품을 어필할 필요가 있고, 기업의 경쟁력을 강조할 필요성이 있는 겁니다.

예를 들어, 영업활동 중 자사의 제품에 대한 차별성 어필의 포인트의 기준이 되는 가격·기술력·품질·납기·실적·사후관리·보증의 요소 역시 기술적 트렌드를 적용시켜 차별화 하는 전략을 쓸 수 있습니다. 즉, 단순한 데이터로만 타사 또는 경쟁사와 비교하는 개념이 아닌 다음과 같은 발표가 필요합니다.

"우리 기업의 이와 같은 차별성은 어떤 기술적 트렌드를 바탕으로 한 노력의 산물이며, 이와 같은 기술적 트렌드를 분명하게 인식하고 있기에 우리 기업은 앞으로도 해당 업계에서 비약적인 발전을 이룰 것이라고 확신합니다. 따라서 앞으로도 귀사의 든든한 파트너가 될 수 있을 것입니다" 하고 어필하는 것이 더욱 더 진실성 있는 영업 전략이 될 수 있는 것입니다.

진정한 영업스킬은 이와 같은 정보와 배경을 바탕으로 이루어졌을 때 더욱 더 커다란 가치와 영업적 성과로 돌아온다는 사실을 잘 기억하시기 바랍니다.

Q 저는 지방대 이공계를 다니고 있는 학생입니다. 지난 겨울방학 때 참가한

취업캠프에 중견기업에 다니고 있는 학과 선배님께서 오셔서 중견기업의 장점만을 들려 주셨는데 대기업과 중견기업의 장단점에 대해서 알고 싶습니다.

 대기업과 대기업에 준한 중견기업의 경계는 지금 굉장히 모호해 졌습니다. 흔히, 대기업은 시스템과 인프라를 갖추고 있다고 하지만, 2016년에 기준이 바뀌면서 준 대기업(과거에는 흔히 30대 그룹을 대기업이라고 지칭함)도 중견기업으로 분류되었습니다. 그렇기 때문에 대기업의 장단점, 중견기업의 장단점을 명확히 구분하기 힘듭니다. ('기업분석 1 - 대기업, 중견기업, 중소기업' 참조) 이직을 하는 것에도 거의 영향이 없기 때문에 적어도 대기업, 중견기업을 기준으로 나누는 것보다는 매출액 1,000대 기업으로 나누는 것이 좀 더 취업하는 입장에서는 나을 것 같습니다. 즉, "우리가 기업을 지원할 때 60만 개 중 매출액 기준 1,000등 안에 들었으면 충분히 지원이 가능한 기업입니다. 또한 매출이 3,000억 이상이고 기업 규모가 장비회사가 아니라면 적어도 500명 이상이 되는 시스템도 갖추어져 있다고 볼 수 있습니다. 나중에 내가 좀 더 큰 기업으로 이직할 때 그래도 경력도 인정받고, 이직할 수 있는 가능성이 많습니다" 이렇게 보시면 됩니다. 무조건 대기업은 좋다, 나쁘다의 개념으로 접근하기보다는 시스템이 어느 정도 체계적으로 갖추어졌냐가 더 중요하다고 생각합니다.

Q 자기소개서나 면접 준비를 위해 기업이해가 필요한데, 기업이해를 어떻게 준비해야 하는지 궁금합니다.(어떤 경로나 방법으로 해야 할지)

A 자기소개나 면접을 위해서 우리는 정확히 기업을 분석하고 이해해야 하며 해당 기업이 지속적으로 성장할 수 있는 기업이냐를 확인해야 합니다. 기본적으로는 홈페이지에 들어가서 해당 기업의

아이템을 확인하고 크게 기사 등을 통해 산업을 분석해보는 것이 가장 좋은 방법입니다. 특히, 기업의 지속가능 경영보고서를 본다면 앞으로 중장기적으로 해당 기업이 성공할 수 있을 것이냐를 확인할 수 있을 것입니다. 추가적으로 반드시 확인해야 하는 자료는 기본 정보를 가장 정확히 볼 수 있는 것이 전자공시시스템이며, 홈페이지와 매출액분석을 통해서도 안정적인 기업인지를 확인할 수 있습니다. 마지막으로 국내 60만 개 기업 중 적어도 1,000대 기업 안에 포함된다면 여러분이 충분히 지원해서 함께 성장할 수 있는 기업이라고 할 수 있습니다.

Q 대기업의 경우는 그러하지 않습니다만, 중견기업의 경우 채용공고를 보면 연봉수준이나 복리후생 등이 소개되고 있습니다. 하지만 이 정보만을 보고 좋은 회사인지를 구분하기가 쉽지 않습니다. 어떤 기준과 시각으로 판단해야 하는지 이에 대한 정보를 주셨으면 합니다.

A 우리는 흔히 기업을 선택할 때 인지도나 기업의 복리후생을 보고 지원을 하는 경우가 많지만, 정확하게 '복지만 좋다고 좋은 기업이다'라고 단정 지을 수는 없습니다. 기업은 크게 산업이라는 울타리 안에서 움직이게 되며 실질적으로 산업트렌드에 많은 영향을 받게 됩니다. 그렇기 때문에 산업분석이 선행되야 하고 이후에는 기업의 명확한 분석을 통해 이 기업이 내가 충분히 몸담을 곳인지를 결정해야 하는 것입니다. 또한 많은 기업들에는 알짜기업이라는 것이 있는데 대기업 뿐만 아니라 내가 갔을 때 함께 성장하고 발전할 수 있는 기업을 일컬어 알짜기업이라고 합니다. ('4장. 기업분석 2 - 알짜기업 분석요령' 참조)

기본적으로 매출이 어느 정도 되어서 안정성이 있어야 하고, 또한 지속적으로 이익이 나면서 신용등급이 괜찮은 회사라면 여러분도 충분히 도전해 볼 가치가 있다고 생각할 것입니다. 마지막으로 복리후생도 기업을 선택할 때 중요하게 보는 요소 중 하나입니다. 이러한 내용을 종합해본다면 적어도 국내 60만 개 기업 중에 1,000대 기업 안에 들고 최근 3년간 영업이익률이 10% 이상이라면 적극 지원해서 시스템도 배우고 함께 성장할 수 있는 기업이라고 할 수 있습니다.

Q 면접 시 면접관이 '입사 후 지원직무 외에 다른 직무를 부여받아도 괜찮겠느냐?'라고 물으면 어떤 대답을 하는 게 좋을까요?

A 이런 경우 지원직무를 해보고자 하는 의지를 확실하게 할지 아니면 회사여건에 따라 타 직무도 융통성 있게 받아들이겠다고 할지 고민하게 됩니다. 면접에서의 질문에 대해 정해진 정답은 없지만 이 경우에 소신은 보이되 융통성 있게 답변을 하는 것이 좋습니다. 어차피 입사하게 되면 직무 관련 면담을 새로 하게 되는 경우도 많습니다. 면접에서 희망직무를 강하게 어필하는 게 무의미할 수 있다는 이야기입니다. 자신이 지원한 직무에 대한 의지를 밝히되 자신이 나아가고자 하는 진로의 방향성에 크게 어긋나지 않는다면 회사 의견을 수용하는 모습을 보여주는 것이 좋습니다.

Q 여러 경로를 통해 직무내용을 찾아봤는데 내용정의가 상이한 경우들이 있었습니다. 이럴 경우 올바른 정의를 어떻게 구분할 수 있을까요?

A 최근 인터넷에서 검색되는 직무정의는 대부분 큰 오류가 존재하지는 않습니다. 다만 동일한 직무명이라 해도 산업군에 따라 내용정의가 상이할 순 있습니다. 예를 들어 유통업에서의 영업관리 직무와 제조업에서의 영업관리 직무는 전혀 다릅니다. 우선 본인이 지원하는 산업분야를 명확히 한 후 해당 산업군에 맞는 직무정의

내용을 찾아보기 바랍니다.

Q 서울에 소재한 대학교에 재학 중인 4학년 학생입니다. 현재 취업 준비를 하려고 하는데 지원할 직무를 결정하기가 쉽지 않습니다. 주위에서 회사를 결정하는 것보다 직무를 결정하는 것이 더욱 중요하다는 이야기를 합니다. 직무 결정이 왜 중요하고 또한 직무를 결정하는 데 필요한 기준이 되는 팁은 무엇인지 듣고 싶습니다.

A 많은 학생들이 취업 준비를 하면서 진로에 대한 고민, 또한 본인의 직무가 맞는지에 대해 방황하고 있습니다. 물론 산업군이 명확한 이공계 쪽은 그래도 비교적 덜하지만, 인문·상경학생의 경우 진로고민을 하는 경우를 많이 보았습니다. 무엇보다도 직무를 결정할 때 필요한 tip은 충분히 자기 자신에 대한 분석을 하라는 것입니다. 분석만 명확히 되어도 충분히 본인 인생에서 바람직한 직업을 선택하고 행복한 삶을 영위할 가능성이 많아진다고 생각합니다. 하지만 대부분은 실질적으로 경험해보지 않았기 때문에 쉽지 않은 선택일 것입니다. 저자는 우선 관심직무를 분석해보기를 권합니다.

이 분석만 명확해도 본인의 소신을 보여주어 충분히 좋은 기업에 합격할 확률을 높일 수 있습니다. 또한 관심분야를 직접 작성하고 확인하게 되면 분명 해당 분야에 대한 직무 결정을 할 뿐만 아니라 충분히 본인이 직무를 선택하고 직접 수행하는 데 이정표가 될 수 있다고 생각합니다.

Q 면접관의 주요 평가 포인트 딱 3가지만 알려 주십시오.

A 면접관은 많은 지원자 중에 실제 우리 회사에 적합한 인재라는 관점에서 지원자를 보고자 합니다. 다양한 인재상을 가지고 있고 해

당 인재를 확보하고자 하지만, 위의 질문의 관점에서 3가지로 간략히 요약할 수 있는 키워드를 알려드리겠습니다.

첫째, 회사의 적합성입니다. 아무리 출중하고 뛰어나다 하더라도 자사에 오지 않는다면 굳이 채용해야 할 이유가 없습니다. 그렇기 때문에 충분히 우리 회사에 올 사람인지를 확인하려고 합니다.

둘째, 직무의 적합성입니다. 아무리 뛰어난 인재라 하더라도 실질적으로 기업에 오게 되었을 때 본인이 해야 할 직무를 정확히 이해하고 꾸준한 준비를 통해 업무를 수행할 수 있는 잠재력을 명확히 보유해야 합니다.

셋째, 조직과의 적합성입니다. 회사와 직무에 적합해도 충분한 사회성을 보유하고 조직의 수직, 수평 구조에서 충분히 함께 시너지를 발휘하고 성장할 지원자인지를 확인합니다. 이 부분을 통해 사회생활의 기본인 조직에 적합한 인재인지를 확인하려고 합니다.

위의 3가지를 명확히 하고 싶다면 본 책의 4장에서 설명한 기본 정보와 자료를 통해 꼭 한번 포트폴리오를 만들어 보기 바랍니다. 그렇게 한다면 좀 더 본인을 객관적으로 정리하고 명확히 준비하는 방법이 될 수 있습니다.

열린진로취업커뮤니티

취업과 관련된 강의와 컨설팅을 집중적으로 진행하는 현직 취업컨설턴트들의 모임입니다. 매월 정기 모임을 갖고 다양한 취업 트렌드와 지원자들의 사례를 연구하며 서로의 시너지를 발전시키는 이름 그대로 열린 모임 입니다. 이 책은 그 동안의 연구 성과를 정리한 첫 번째 결과물 입니다. 앞으로 더 많은 정보를 취준생과 나누기 위해 '열린' 마음으로 더욱 더 많은 전문가가 참여할 수 있는 '열린' 모임이 되겠습니다.

● **김치성**

현 제닉스취업솔루션 대표, (사)한국취업컨설턴트협회 전문위원으로 활동.

기업면접관 교육지도의 노하우가 담긴 '면접전략' 특강 등 면접 분야 전문 강사. 기업에서의 채용 컨설팅 경력을 바탕으로 연평균 2만 명 이상의 학생을 대상으로 강의와 취업 컨설팅 진행. '상담받고 싶은 컨설턴트 1위'로 평가받음. 저서로 『면접해부학』, 『취업의 조건』(공저)가 있다.

● **문창준**

현 (사)한국취업컨설턴트협회 대표 컨설턴트로 활동.

27년간 삼성그룹 관계사와 일본계 회사에 재직하며 신입사원을 선발 육성함. 산업공학 및 인재개발교육의 이론적 지식을 바탕으로 현장의 다양한 소재를 접목하는 강의로 이공계 전공 학생들의 취업 필독 강연자로 평가받음. 저서로 『취업의 조건』(공저)가 있다.

● **이태환**

현 에이프로잡솔루션 대표, (사)한국취업컨설턴트협회 이사 등 활동.

취업준비생의 올바른 취업 전략 수립과 회사 채용 면접 설계로 우수 인재를 선발토록 하는 등 다양한 실무 경력으로 다져진 취업·채용 분야 전문가. 두려움을 강점으로 바꾸는 특색 있는 취업 프로그램 운영으로 취업준비생에게 '자신감 멘토'로 평가받음. 저서로 『취업의 조건』(공저)가 있다.

● **권성일**

현 한국경영인증원 HR전문위원, NCS 개발/검토위원, 공공기관 면접관으로 활동.

디스플레이 회사에서 17년간 인사(채용)업무 수행. NCS(국가직무능력표준) 인사, 노무, 직무분석분야 개발/검토. 취업준비생에게 이해하기 쉽게 '직무분석', '직무역량 강화' 방안을 특강하고 있으며, 저서로 8인의 인사담당자가 털어놓은 『난 이런 사람을 뽑았다』(공저) 가 있다.

● **강경원**

현 휴먼네트웍스 이사, HPC컨설팅 수석위원, 한국인사관리협회 겸임강사로 활동.

경영과 공학의 융합인 산업공학을 졸업하고 23년간 IT서비스, 식품제조, 헬스케어 산업의 다양한 업무수행자를 채용하고 인사관리를 하면서 경험한 생생한 지식을 바탕으로 기업체 인사컨설팅과 기업교육을, 대학교에서는 기업에서 바라보는 탁월한 인재, 일을 바라보는 자세를 중심으로 대학생들의 취업준비를 코칭하고 있다.

● 강원준
현 HR Consulting 대표로 활동.

12년간 대학교 및 기업체 대상으로 8000회 이상 특강 및 컨설팅 진행으로 '취업역량강화' 및 '현장 실무에 강한' 강사로 평가받음. 자소서, 기업분석 및 취업동아리 운영 등 다양한 취업프로그램 운영경험 뿐 아니라 대학 내 교육담당자와 교수 대상 '취업 프로그램 운영 매뉴얼' 발행.

● 김창
현 ㈜KLCD 대표, 한양대·중앙대 커리어디자인 겸임교수로 활동.

10개 직장과 3번의 창업을 경험했고, 2만 시간 이상의 강의와 상담을 하고 있음. 가치체계의 시각화를 통해 진로를 찾아갈 수 있도록 강의와 컨설팅, 상담을 제공. 저서로 『네 직업 네가 책임져라』(공저), 『체험형 진로탐색 프로그램 워크체인』(공저), 『커리어디자인』 등이 있다.

● 김택중
현 시앤피컨설팅그룹 수석컨설턴트로 활동.

25년간 삼성그룹 관계사와 KTF에서 인사부문(인력개발, 인사관리, 노사관리)과 CS, 영업부문에서 근무함. 대학교에서 취업지도교수로 다년간 재직하면서 대학생들의 취업성공을 위한 코칭 담당. 취업현장의 오랜 경험을 녹여 학생들의 올바른 자기분석과 동기부여를 통해 자신감을 회복하여 취업성공에 이르는 도우미로서의 역할을 하고 있다.

● 박명성
현 본필연구소 대표로 활동.

10여 년간 퍼스널 이미지컨설턴트로 활동하면서 취업준비생들의 취업면접 이미지 강의와 컨설팅을 하고 있다. 또한, 여러 대학교에 취업진로 및 인성관련 교육사업을 운영하며 국내 최고의 파트너 강사 3000여 명과 진행하는 교육 프로그램은 학교관계자들과 대학생들에게 참여하고 싶은 프로그램으로 평가 받고 있다.

● 조성욱
현 화인크루파트너스 이사. 청년취업컨설팅, 헤드헌팅, 대한테니스협회 인사위원 등 활동.

14년간 롯데그룹 계열사에 재직하며 인사팀장으로서 역량면접제도 체계 구축 및 면접관으로서 기업의 니즈에 부합되는 신입사원 선발 육성함. 다년간의 인사실무 경험을 통해 기업이 원하는 인재상에 적합하도록 취업준비생이 가진 컨텐츠를 발굴해내는 취업·채용 분야 전문가로 평가받음.